맥주와 대포동

맥주와 대포동

경제로 읽어낸 북한

문성희 지음/ 이용화 옮김

논형

한국어판 서문

올해 8월 러시아 연해주의 도시, 우수리스크를 방문했습니다. 경기도 등이 주최하여 현지에서 열린 북한 농업 관련 국제회의에서 최근 북한 농업정책에 관한 보고를 하기 위해서였습니다. 회의에는 한국 학자, 연구자, 농업관계자, 그리고 러시아와 중국 조선족의 북한연구자들이 참가했습니다. 회의장에는 한국, 러시아, 중국의 국기가 게양되어 있었는데, 그것을 보면서 생각했습니다. 남북과 미국, 중국, 러시아, 일본이 함께 모여 한반도 문제를 논의할 수 있는 날이 하루빨리 오면 좋겠다는 것이 저의 솔직한 마음입니다.

지난해 초부터 지금까지 상상치도 못한 일들이 벌어졌습니다. 지난해 4월에는 판문점 남측 지역에서 남북정상회담이 열렸습니다. 김정은 북한 국무위원장이 군사분계선을 넘어 한국 땅을 밟았습니다. 판문점이기는 해도 북한 최고지도자가 남측을 방문하는 것은 처음 있는 일이었습니다. 같은 해 6월에는 사상 처음으로 북미정상회담이 싱가포르에서 열렸습니다. 9월에는 문재인 한국 대통령이 평양과 백두산을 방문했습니다. 15만 평양시민들 앞에서 한국 대통령이 육성으로 연설하는 것도 과거에는 생각도 못한 일입니다.

올해 2월 하노이에서 열린 북미정상회담은 아무런 합의도 이끌어내지 못했지만, 같은 해 6월에는 북한의 김정은 국무위원장과 미국의 트럼프 대통령이 판문점에서 전격적으로 만났습니다. 북미 양 정상이 함께 판문점 남측 지역과 북측 지역을 오고 갔습니다. 현역 미국 대통령이 판문점이라고 해도 북한의 땅을 밟은 것도 역시 사상 최초입니다. 실질적인 성과가 있었던 것이 아니기 때문에 일개 퍼포먼스였다는 의견도 있었습니다. 그렇지만 2년 전까지만 해도 서로를 비방하던 양 정상이 웃으며 환담하는 모습에서 한반도의 냉전구조에 확실한 변화가 일어나고 있다는 것을 느낄 수 있었습니다. 물론 우여곡절은 있겠지만 이런 흐름은 이제 되돌릴 수 없다고 생각합니다.

북한도 많이 변하고 있습니다. 제가 처음 북한을 방문한 것은 대학생 시절인 1984년입니다. 그 뒤로부터 2012년까지 15차례에 걸쳐 방북했지만 그때마다 북한의 변화를 느낄 수 있었습니다. 특히 2008년에 방문했을 때는 번성하는 시장 모습을 보면서 "과연 여기가 북한인가?"라는 느낌도 가졌습니다. 그 외에도 여성 패션의 다양화, 서양 음식문화의 확산 등 북한의 변화를 느낄 수 있는 장면을 적지 않게 목격했습니다. 사람들의 생각도 많이 바뀌어 있었습니다. 김정은 정권 들어 더 빠른 속도로 변화하고 있습니다. 이런 움직임은 앞으로도 계속될 것이라고 생각합니다.

지난해 12월 펴낸 『맥주와 대포동(麥酒とテポドン)』에서도 제가 직접 보고 느낀 북한의 변화상을 많이 담았습니다. 이번에 논형출판사에서 저의 책이 한국어 번역본으로 발간되어 무한히 기쁘게 생각합니다. 북한의 평범한 사람들의 생활과 그들의 희로애락을 한국 독자들에게 조금이나마 알릴 수 있는 좋은 기회이기 때문입니다.

저의 책을 번역해주신 이용화님께 감사를 드립니다. 이해하기 어려운 단어에 각주까지 꼼꼼히 붙여주신 덕분에 일본어 원판보다 더 충실한 책이 된 것 같습니다. 아울러 논형 소재두 사장님께도 감사를 드리는 바입니다.

독자 여러분들이 북한을 이해하는 데 조금이나마 도움이 된다면 더 이상의 기쁜 일은 없을 것입니다.

2019. 9. 16
문성희

차례

1장 시장경제화의 흐름은 멈출 수 없다

2장 경제에서 읽어내는 김정은 체제의 행방

기대가 절망으로

'김정일 국방위원장이 납치를 인정했는데도 아직도 행방불명자라니 헛소리 하지마!'

'불매운동을 할 거야!'

전화를 받는 순간 조선어로 남성의 호통소리가 들려왔다. 동포구독자로부터 걸려오는 항의전화는 벌써 몇 통째인지 모른다. 어쨌든 그저 사과할 수밖에 없었다. 이제는 아무도 전화를 받으려고 하지 않았다. 적막에 싸인 넓은 사무실에는 전화벨 소리만 오랫동안 울리고 있었다.

2002년 9월 17일 오후의 일이다. 편집국은 희망의 아침에서 낙담의 오후로 바뀌고 있었다. 당시 내가 기자로 근무하고 있던 《조선신보朝鮮新報》(조선총련기관지)[•] 편집국은 아침부터 여느 때와는 상황이 달랐다. 모두가 기분 탓인지 마음이 들떠있었다. 이 날은 첫 북일정상회담이 열리기 때문이었다. 8월 30일에 한국의 《문화일보》가 '고이즈미小泉純一郎^{••} 조선민주주의인민공화국(북한) 방문'이라는 특종기사를 낸 이후, 모두들 이

• 재일본조선인총연합회(조총련) 중앙상임위원회 기관지로 조선어판과 일본어판으로 나누어 주(週) 3회 발행하고 있다.
•• 일본의 정치가(1942~). 중의원 의원과 내각총리대신, 우정대신과 후생대신, 자유민주당 총재를 역임했다.

날이 오길 애타게 기다리고 있었다.

냉랭한 관계였던 북한과 일본 사이에 마침내 국교정상화를 위한 행보가 시작된다니 나 자신도 여러 밝은 미래를 상상하면서 기대에 부풀었다. 그러나 그 기대는 이내 절망으로 바뀌었다.

일본 정부가 주장한 납치피해자 15명(당시, 현재는 17명) 중에 요코타 메구미橫田めぐみ* 씨를 비롯해 8명이 사망, 5명이 생존, 2명은 입국기록이 없다라고 — TV기자가 평양 현지에서 전하는 사실은 당장은 믿기 어려웠다. 김정일 국방위원장은 납치 사실을 인정하고 고이즈미 준이치로 수상에게 사과했다고 한다.

TV를 뚫어지게 보고 있던 기자들 사이에 동요가 일어났다. 설마 여중생을 납치하다니. 더구나 8명은 사망……. 생존자 5명 중에는 일본 정부가 아는 바 없는 소가 히토미曽我ひとみ 씨의 이름도 있었다.

나는 그때까지의 취재를 통해 아리모토 게이코有本惠子** 씨의 경우처럼 유럽 경유 납치는 있을 것이라고 생각하고 있었다. 그러므로 그들을 달콤한 말로 속여 데리고 간 것에 관해서는 북한 당국이 인정할 것이라고 예측하고 있었다. 그러나 중학생은 절대로 납치하지 않았을 거라고 생각했다. 그렇게 굳게 믿어온 만큼 배신감도 컸다. 기자들도 공통적인 생각이었음에 틀림이 없다. 어느 누구 한 사람도 말을 꺼내려고 하지 않았다. 편집국은 무거운 침묵이 흐르고 있었다.

• 1977년 11월 15일 13세 때 니가타현(新潟県)에서 납치당했으며 1994년 4월에 자살했다고 북한은 일본에 알렸다.
•• 1983년 8월 9일 런던에서 어학유학 후 귀국예정 당일 친가에 '일을 찾아서 귀국이 늦어짐. 게이코'라는 전보가 도착했다. 행방불명 당시 대학생(22세). 이후 10월 중순 코펜하겐에서 편지가 온 것을 끝으로 소식이 끊겼다. 아리모토 씨가 북한에 있는 것은 삿포로시 출신의 이시오카 도루(石岡亨) 씨로부터 1988년 9월 6일 친가에 도착한 편지에서 알려졌다. 편지는 폴란드에서 보내졌으며 봉투 뒤에는 '이시오카가 평양에서'라고 적혀 있었다. 일본 정부가 2002년 10월 북한에 의한 납치사건이라고 발표했다.

그럼에도 불구하고 북일정상회담을 전하는 신문은 제작해야만 했다. 그러나 그 보도가 원인이 되어 독자들로부터 심한 비난을 받게 되었다. 북한 국영 〈조선중앙통신〉의 보도대로 '납치피해자'를 '행방불명자'라고 표기했기 때문이다. 신문발행 당일부터 본사에 항의하는 전화가 빗발쳤다. 《조선신보》를 구독하는 동포들도 어디에다 분통을 터뜨려야 할지 몰랐을 것이다. 북한이 '납치는 하지 않는다.'는 것을 설명하기 위해 《조선신보》의 기사를 인용해 왔는지도 모른다. 그렇기 때문에 김정일 국방위원장이 납치를 인정한 후에도 '행방불명자'라고 쓴 것에 대해 모두가 치미는 화를 참을 수 없었을 것이다.

《조선신보》는 그동안 '납치는 하지 않는다.'라고 말하는 북한의 주장을 그대로 전해 왔다. 나 자신도 납치에 관한 '검증기사'를 기명으로 몇 번인가 쓴 적이 있다. 북한이 말하는 것을 그대로 믿고 납치는 아니라고 계속 주장해 온 자신이 부끄러웠다. 납치는 범죄다. 절대로 정당화 될 수 없다. 며칠간 괴로워하다가 칼럼을 썼다. 쓰지 않고는 견딜 수가 없었다. 기사를 쓰지 않으면 북한의 범죄를 묵인하는 것 같은 생각이 들었기 때문이다. 칼럼은 《조선신보》(일본어판, 2002년 9월 25일자)에 기재되었다. 조금 길지만 인용해 본다.

협박전화, 무언의 전화에 협박메일, 수많은 폭언…. 이번에 발표된 일본인 납치문제와 관련지어 조선학교의 아동, 학생과 총련 각 기관에 험한 언행이 이어지고 있다. 인터넷 홈페이지 게시판이 다운되어 어쩔 수 없이 잠시 폐쇄하는 곳도 있다. ▶그런 가운데 피스보트(Peace Boat)*의 멤버는 도쿄와 오사카의 길거리에서 홍보물을 돌리며 재일코리언에게

---

* 일본 도쿄에 본부를 두고 있는 국제비영리단체. 평화 증진, 인권, 평등, 지속 가능한 발전, 환경보호를 위해 일한다.

험한 언행을 멈추도록 호소했다. 납치가족 중에도 '분노를 느낀다. 일본인으로서 용서할 수 없다.'는 분노의 목소리가 나오고 있다고 한다. 그 마음이 오죽할지 충분히 이해는 가지만… ▶조일朝日정상회담에서 납치사건의 진상이 명확히 밝혀진 것에 필자는 솔직히 심한 충격을 받았다. 며칠 동안 잠을 이루지 못했고, 무엇을 믿어야 좋을지 섬뜩했다. 많은 독자도 같은 생각인 것 같다. 눈물과 분노의 전화, 팩스, 메일이 지금도 편집부로 도착하고 있다. '있을 수 없는 일이다.'라고 믿고 있었던 만큼 충격의 강도는 헤아릴 수 없다. 조국의 발표를 신뢰하고 보도해 왔다고는 하지만, '납치는 날조'라고 써온 기자로서의 책임을 통감한다. ▶김정일 국방위원장은 고이즈미 수상에게 직접 사죄하고 책임자를 처벌했다는 것을 밝히고 재발방지를 약속했다. 그 약속대로 진상규명은 반드시 이루어져야 한다. 절대로 화근을 남겨서는 안 된다. 앞으로 국교교섭 과정에서 일본의 '과거 청산'도 구체적으로 논의되어 갈 것이다. ▶'증오의 연쇄'로는 어떠한 것도 진전되지 않는다. 조일간의 '진정한 화해'를 실현하기 위한 협상이 되길 바란다. 그것이 미래로 이어질 것이다. (聖)

나는 이 칼럼원고를 단숨에 다 쓰고 먼저 어머니에게 보였다. 어머니는 울먹이는 목소리로 '잘 썼구나.'라고 말씀하셨다. 어머니인 김영희는 《조선화보朝鮮畫報》*(조선총련이 발행한 그라비어gravure 잡지)**의 편집자와 일제강점기의 강제연행 조사활동 등을 거쳐 현재는 현역에서 퇴직하였다. 그래도 일본인 친구들에게 '북한은 납치 같은 건 하지 않아.'라고 계속 설명해왔다. 북일정상회담 직후, 그 친구 분 중 한 사람에게서 전화가 걸려왔다. '네가 하는 말이어서 북한의 주장을 믿었는데….'라고 심하게 비난하였다.

• 1962년 4월 15일에 창립된 조선총련 산하 출판사인 조선화보사가 출간하던 사진을 중심으로 한 월간지이며 지금은 휴간 상태이다.
•• 그림이나 사진을 중심으로 한 잡지.

어머니는 한마디 대꾸도 못하고 그저 그 분의 말씀을 듣고 있었다고 한다. 비장한 표정으로 그 이야기를 나에게 들려주었다. 어머니는 납치 때문에 수십 년 사귀어 온 일본인 친구를 잃었다. 큰 충격을 받았다. 그런 어머니에게도 조금이나마 기운을 되찾게 해드리고 싶었다. 나의 칼럼이 도움이 되면 좋겠다고 생각하였다. 어머니 입장에서 보면, 딸이 '북한은 납치 같은 건 하지 않는다.'라는 기사를 작성하고 있는 것이므로 그것을 믿을 수밖에 없었다고 생각한다. 그렇기 때문에 어머니에게 죄송한 마음이 들었다.

그런 마음으로 작성한 칼럼을 담당데스크였던 엄정언 부국장에게 가져갔다. 칼럼에 있는 '화근을 남기지 않는 진상규명(禍根を残さず真相解明を)'이라는 기술은 북한 당국을 향한 것이었다. 그렇기 때문에 '북한의 체제비판이라고 인식될지도 모를 칼럼을 통과시켜 줄 것인가'라는 불안도 조금은 있었다. 그러나 엄정언 부국장은 말없이 통과시켜 주었다.

엄정언 부국장은 존경하는 저널리스트였다. 취재력에 분석력, 문장력 등 모든 면에서 발군의 감각을 지니고 있었다. 기관지機關紙*의 데스크라는 입장에 있으면서도 폭넓은 인맥으로 각 방면에서 정보를 받아보고 정세를 냉정하고 적확하게 분석하는 능력이 대단히 뛰어났다. 일본 매스컴에도 친구와 지인이 많고 그들로부터 인정받고 있었다. 그럼에도 불구하고 일본의 프로야구(NPB) 한신타이거즈의 열렬한 팬이다. 언제나 '데일리 스포츠'를 겨드랑이에 끼고 출근하는 귀여운 장난꾸러기 같은 면도 있었다. 퇴근시간이 되면 '한 잔하러 갑시다.'라고 말하면서 앞장서며 함께 가자고 권유해 준 이도 그였다.

• 정당, 노동조합, 각종 단체 등의 조직체가 목적·주의·방침 등을 널리 알리기 위해 발행하는 신문을 말한다.

술자리에서는 후배들의 고민을 경청하고 조언을 해주었다. 그를 사모하는 조선신보 기자는 많았다. 엄정언 부국장은 2010년 3월 21일 위암으로 58세의 젊은 나이에 타개했다. 생존해 있었더라면 지금도 후배들을 엄하지만 애정을 가지고 지도해 주었음에 틀림없다.

칼럼이 기재된 직후, 옛 벗인 '아카하타赤旗'* 기자로부터 메일이 왔다. 정확하게는 기억나지 않지만 '큰 맘 먹고 잘 썼습니다.'라고 평가해준 내용의 문면文面이었다. 내 생각이 일본 사람에게도 조금은 전해진 것 같아 안도했다. 나의 칼럼이 계기가 된 것인지는 모르지만 편집부에서도 독자에게의 '사죄' 혹은 '유감'을 담아 지면에 표명해야만 한다는 의견이 올라왔다. 데스크 회의에서 논의를 거쳐 2002년 9월 27일자 지면에 조선신보 편집국 명의의 '알림'이 기재되었다. 일본어판의 알림에서는 '독자 여러분에게 잘못된 사실을 전해 그로 인하여 말로는 표현할 수 없는 폐를 끼친 것에 관해 진심으로 반성'하고, '(납치)사건이 두 번 다시 일어나지 않도록 철저한 방지책을 마련할 것을 요구한다.'라고 썼다.

두 번의 평양특파원

나는 재일코리언 2세(아버지가 1세, 어머니가 2세)이다. 그러나 나와 같은 세대의 대부분은 재일코리언 3세다. 1936년 태생인 아버지 문성수는 내가 태어날 때에는 《조선시보》(조선총련의 일본인을 대상으로 한 신문)의 기자였지만 곧 조선총련 중앙본부의 국제국으로 옮겨 세상을 떠날 때까지 같은 부서에서 근무하였다. 업무특성상 일본인 기자와의 교분도 많아 어릴 적에는 아버지가 일본인 기자를 집으로 데리고 온 적도 자

• 신문 아카하타(新聞赤旗), 일본공산당중앙위원회가 발행하는 일본어 일간기관지. 정당기관지이다.

주 있었다. 기자들과는 진심으로 사귀고 있었을 것이다. 1986년에 아버지가 간암으로 49세에 타개했을 때에는 아사히朝日 신문사, 요미우리読売 신문사 편집국장, TBS*와 니혼TV日本テレビ, 교도통신사共同通信社 사장 등이 조화를 보내왔다. 기자를 비롯해 많은 일본인들이 장례식에 참석해 주었다.

아버지가 총련 간부였기 때문에 당연히 나는 초등학교부터 고등학교까지는 조선학교에 다녔다. 일본의 대학에 진학했지만 유학동留學同(일본의 대학과 전문학교에 다니는 재일코리언 학생모임. 정식명칭은 재일조선유학생동맹)의 활동에 참여하면서 진부하지만 좋아하는 사람이 생겼다. 처음에는 그를 만나고 싶어서 참가했지만 스스로 점점 유학동의 활동에 빠져들었다. 1984년에는 재일교포 학생대표로 북한을 방문하였다. 첫 고국방문에서 완전히 "애국자"가 된 나는 조선총련의 기관지인 조선신보의 기자가 되는 길을 선택하였다. 조선신보에서는 주로 북한과 한국의 정치·경제·사회문제를 담당했다. 평양특파원도 2번 경험하였다. 조선신보 평양지국이 개설된 것은 입사 2년 후인 1988년이다. 지국에서는 3~4개월 정도의 윤번제輪番制로 특파원을 파견하였다.

첫 번째 특파원으로 근무했던 1996년, 북한경제는 최악의 상태였다. 1989년부터 1991년에는 북한 무역상대의 70%를 차지하고 있던 소련 및 동구 사회주의가 붕괴한 것을 계기로 북한은 외화, 에너지, 원료부족 상태에 빠졌다. 1995년에 대규모 수해가 일어나 식량부족도 더해졌다. 곡물 배급은 사실상 멈췄고 사람들은 먹을거리를 자력으로 마련하지 않으면 안 되게 되었다. 식비를 벌기 위해서 집에 있는 어떤 것이라도 내다

• 간토(関東)광역권의 텔레비전 방송 사업자이며 방송채널은 TBS NEWS · TBS가 있다.

파는 사람들이 길가에 넘쳐났다.

　그런 최악의 상태였던 시기에 나는 6월부터 9월까지 약 4개월간 특파원으로 근무하였다. 지국이 위치해 있던 평양호텔에서는 자주 정전이 발생했다. 냉방을 켜 논 채로 외출했을 때는 호텔 종업원에게 호되게 야단을 맞았다. 맥주를 마시고 싶어서 안내원과 함께 온 평양 시내의 상점들을 돌아다녔지만 찾지 못했던 적도 있다. 물자부족을 피부로 느꼈다.

　북한이 기사회생을 위해 추진한 북중러의 국경지대인 나진·선봉에 창설한 경제특구* 현장을 취재한 후, 함경북도 청진에 들렀을 때의 일이다.

　호텔에 체류하고 있었던 손님은 우리들 일행과 무역관계의 일을 하고 있던 재일조선인뿐이었다. 상한 오징어 덮밥이 식사로 나왔을 때는 깜짝 놀랐다. 갑자기 찾아온 숙박 손님에게 내놓을 음식이 없었을지도 모른다. 이 호텔에서 무서운 경험도 했다. 객실에서 쉬고 있는데 [안내원]을 자칭하는 남자가 문을 두드렸다. '저녁식사 준비가 되었으니 함께 갑시다.'라고 하는 것이다. 그렇지만 우리의 안내원은 보통 직접 부르러 오지 않고 전화를 걸어 스케줄을 알려주고 있었기 때문에 이상하다고 생각해 열지 않았다. 나중에 안내원에게 물어보니 '방을 두드린 적이 없다'고 한다. 그 말을 듣고 등줄기가 오싹했다. 만약 문을 열어주었더라면 강도에게 습격당했을지도 모른다. 재일동포 숙박 손님이 새로 왔다는 것이 널리 알려져 있었을 것이다. 게다가 여성. 좋은 "먹이감"이 될 뻔 했다.

　7월 말에는 1995년에 이어서 다시 대규모 수해가 일어났다. 나진·선

---

* 북한이 1991년에 함경북도 나진시와 선봉군 일대를 자유경제무역지대로 선정하고, 나진항, 선봉항, 청진항 등을 자유무역항으로 지정했다. 동북아시아의 화물중계, 관광, 금융서비스 등의 복합적인 경제허브로 개발한다는 목표 하에 추진하였지만 실패했다.

봉에서 돌아온 우리는 곧바로 재해현장에 가기로 했다. 여성기자 두 명과 비디오 카메라맨 한 명으로 구성된 팀으로 황해남·북도와 개성시의 피해가 큰 지역을 중심으로 취재하였다. 재해현장에서는 죽은 것처럼 길가에 누워있는 사람을 발견하였다. 정말로 죽어 있었는지도 모른다. 이 무렵 북한에서는 굶어죽는 사람도 있었다.

논밭을 덮어버린 진흙을 제거하기 위해 많은 인력이 동원되어 지게로 진흙을 옮기고 있었다. 카메라를 들고 있던 우리에게 '이런 실상을 전부 촬영해 가라.'며 남성 한 명이 무서운 표정을 지으며 다가왔다. 지게라는 원시적 도구로 드넓은 평야를 뒤덮은 진흙을 운반하는 끝없는 작업. 공복상태에서 작업을 하고 있던 남자는 우리들이 평양에서 온 북한의 대중언론이라고 착각하고 이런 현상을 평양에 있는 간부들에게 알려주길 원했을 것이다. 그 마음에 깊이 공감이 갔다.

수해지역을 취재하면서 이상하게 생각했던 것이 있다. 취재예약 등 북한에서의 행동전반을 돌봐주는 안내원과 운전기사가 최대한 사람이 없는 장소에서 식사를 하게 했다. 점심식사는 안내원이 숙박 장소인 호텔에 요청해서 준비해주고 있었다. 나중에 이유를 들어보니 이렇게 대답해 주었다. '흰쌀밥으로 만든 주먹밥과 고기가 듬뿍 들어간 반찬을 보면, 끼니도 제때 챙겨먹지 못하는 시민들이 어떤 생각을 할 것인가.'

그런 극한 상황에서도 북한 사람들의 따뜻함을 곳곳에서 느꼈다. 점심식사 장소를 제공해 준 농가의 주부는 집에서 손수 담근 김치를 듬뿍 내주었다. 어느 협동농장의 재해현장을 방문했을 때에는 양팔로 안을 수 없을 만큼의 옥수수를 받았다. 자신들도 먹는 둥 마는 둥하면서도 그래도 멀리에서 온 '손님'이라고 대접하려는 사려 깊은 배려에 눈물이 날 정도로 감격하였다.

평양 교외에 설치된 종합시장

처음에는 수해지역의 취재가 허락될지 어떨지, 나는 반신반의했다. 북한 정부는 자국의 부정적인 부분을 적극적으로 시키려 하지 않았다. 자연재해이지만 재난을 당한 기업소*와 침수된 농장, 무너진 가옥을 비록 재일동포이긴 해도 외국에서 온 기자에게 보여주기 싫은 것이라고 생각하고 있었다. 북한 당국도 깊이 고민한 것 같았다. 허가가 떨어지기까지는 어느 정도 시간이 걸리긴 했지만 담당 당간부와 안내원이 애써주어 취재를 할 수 있었다.

취재에 제한 없이 '어디든지 취재하고 싶은 곳을 취재해도 좋다.'라고 했다. 1주일 가까이 걸려 수해지역을 취재하고 계속 기사를 전송하였다. 취재팀이 쓴 기사는 일본에서도 관심을 불러일으켰다. 《마이니치신문》(1996년 8월 8일자 석간) 1면은 북한의 수해피해를 전하는 기사로 나의 현장 취재를 소개하였다. 아래와 같은 내용이었다.

'이번 수해에서 가장 피해가 컸던 평양 교외의 황해북도 송림시에 이달 3일에 들어간 조선신보사의 문성희 기자에 의하면 시내에 있는 황해제철연합기업소는 아직 1~2미터 가까이 물에 잠겨 공장 전체를 가동시키는 모터와 원동기가 침수된 채, 펌프도 침수하고 배수도 안 되는 상태였다고 한다'.

일본에 돌아온 후에 나는 〈슈칸 킨요비週刊金曜日〉**(1996년 10월 4일호)에 '곡창지대가 괴멸상태에(穀倉地帶が壊滅狀態に)'라는 표제를 붙이고

- 북한의 경제 생산, 교통, 운수, 유통 따위의 경제 분야에서 독립적으로 경영 활동을 진행하는 사업체이다.
- 주식회사 킨요비(金曜日, 통칭 週刊金曜日)가 발행하는 정치·사회·환경 문제 등을 다루는 주간지이다.

수해지역 현장취재를 기고했다. 북한의 수해피해는 널리 알려지게 되었고 일본과 국제사회가 원조하겠다고 나섰다. 원조를 받은 북한 당국도 우리의 기사를 평가하고 이후 자연재해에 관한 취재의 벽은 낮아졌다.

두 번째 평양특파원으로 근무한 것은 2003년. 최악의 경제에서 벗어나 플러스성장을 지속하고 있었다. 1996년의 살벌했던 분위기와는 달리 사람들은 서서히 명랑함을 되찾고 있었다. 나는 1996년에 냉방을 켜논 채로 외출해서 혼이 난 경험이 있어 외출할 때에는 반드시 냉방을 껐다. 그런데 어느 날 취재에서 돌아와 보니 객실 에어컨이 켜 있었다. 처음에는 끄는 것을 깜박했나싶어 가슴이 철렁했는데 종업원이 켜 놓았다는 것이다. 종업원이 "더워서 켜두었습니다. 요즘은 기온도 올라가 몹시 더워졌으니 앞으로는 켜둔 채로 외출해 주십시오."라고 말해서 맥이 빠지고 말았다.

평양시 교외의 통일거리에 종합시장이 설치되었다는 이야기를 들은 것도 이 무렵이다. 취재는 허가되지 않았지만 시장경제화 흐름은 서서히 밀려오고 있었다. TV에서는 1990년대 후반의 어려웠던 시대를 주제로 한 드라마도 방영되어 시청자로부터 호평을 받았다. 당시를 회고할 여유가 조금씩 생긴 것 같았다.

어째서 그런 이야기를 하게 되었는지 이제는 전혀 기억이 나지는 않지만, 어느 날 현지 사람과 이야기를 나누던 중에 1990년대 후반의 식생활 이야기를 하게 되었다. 그의 증언은 상상을 초월한 것이었다. 밥 구경도 제대로 못했다. 매일 옥수수 죽을 먹으며 견뎠다. 옥수수 자체가 딱딱하기 때문에 하룻밤 물에 담가두었다가 불려서 끓였다. 그것도 하루에 두 끼밖에 먹을 수 없었다. 공복 상태에서 일을 해야 했기 때문에 쓰러지는 일도 비일비재했다 등등. 초등학교 고학년생 아이들은 참고 견뎠지만, 경제가 어려웠던 시기에도 유아에게는 두유가 반드시 공급되었기 때문에 어린 아이들은 사정을 알지 못했다고 한다. 그런 이야기를 재일코리언인 나에게 들려주는 것도 북한 사람들이 경제난을 이겨낸 하나의 증거라고 말할 수 있다.

남북관계도 좋아진 시기였으므로 이산가족 상봉 등의 관련취재도 많았다. 서울에서 열린 남북장관급회담 취재팀에도 가담하였다. 평양에서 베이징을 경유해 서울에 도착하자 한국의 기자들로부터 취재를 받았다. 서울에서 열리는 회담의 북한 취재팀에 여성이 가담한 것은 처음이었기 때문이었다. 회담이 시작된 다음 날인 2003년 7월 10일 한국의 통신사 〈연합뉴스〉는 '홍일점 문성희 조선신보 기자'라는 표제를 붙인 기사를 전송하였다. 그 후 한국에서 열린 남북의 이벤트에도 여성기자가 포함될 기회가 늘었다.

• '〈남북장관급회담〉 홍일점 문성희 조선신보기자' 기사 전문.
남성 일색인 북한 대표단에 여성 1명이 포함돼 눈길을 끈다.
북측 기자단의 일원으로 서울을 찾은 조선신보사 문성희(42) 기자. 조선신보사는 재일 조선인총연합회 기관지로 일본의 총련에 북한의 각종 소식과 현안에 대한 북한 당국의 입장을 전하는 신문이다.
북측의 취재단에 여성이 포함되는 경우는 금강산에서 열린 이산가족 상봉행사 등에 가끔 있었지만 서울에서 열리는 남북간 행사에 포함되기는 이번이 처음이다.
왼쪽 팔에 북측 기자임을 표시하는 녹색 완장을 차고 9일 인천국제공항을 통해 들어오던 문 기자는 "어디 소속이냐"는 남측 기자의 질문에 "조선신보"라며 수줍게 대답하기도 했다.
문성희 기자는 "금강산 가극단 서울 공연을 취재하기 위해 서울을 다녀갔다."며 이번이 세 번째 서울 방문이라고 설명했다.
문 기자는 지난 2000년부터 북한에 주재하면서 활동해온 김지영 기자의 후임으로 지난 4월부터 평양에 들어가 활발한 취재활동을 벌이고 있다.
최근에는 '평양-가정주부의 하루', '굳센 의지와 이악성이 승리의 요인-아시아선수권에서 우승한 조선의 2세대 여자축구팀' 등 북한여성의 생활상을 소개하는 기사를 많이 쓰고 있다.
그는 "아무래도 내가 여성이다 보니 여성을 소재로 한 기사를 많이 쓰게 되는 것 같다." 며 조선신보 인터넷 홈페이지를 통해 남측의 기자들이 자신의 기사를 보고 있다는 얘기에 즐거운 듯 연방 웃음을 지어보였다. (2003. 7. 10. 연합뉴스. 장용훈 기자)

이 두 번의 특파원 경험은 나중에 북한을 연구테마로 정해야겠다고 생각하게 된 계기가 되었다.

기자에서 연구자로

북한에 의한 일본인 납치가 밝혀졌기 때문에 이제 더 이상 조선신보에서는 일하고 싶지 않았으며, 책임지고 사직해야겠다고 생각하고 있었다. 신문사와 관계를 악화시키면서까지 그만두는 것이 싫어서 원만한 퇴직방법을 모색하고 있었다. 2003년 평양특파원에서 돌아와서부터는 재일코리언의 인권과 생활문제를 담당하는 부서로 옮겼지만 총련중앙의 담당부서와는 편집·기획 등에서 대립되어 좀처럼 내 의견은 통과되지 않았다. 아무리 이야기를 해도 들어주지 않아 헛수고라는 생각도 들고 의욕도 사라졌다.

그 무렵, 2006년 11월에 어머니가 췌장암 말기 판정을 받았다. 어머니의 간병에 전념할 것을 사직 이유로 삼았다. "나를 구실로 이제 너도 네가 하고 싶은 대로 살아가거라."라고 말하는 어머니의 한마디가 등을 떠밀었다. 같은 해 12월 20일 약 20년 간 근무했던 조선신보를 퇴직하였다. 이 날은 마침 내 생일날이었다. 45세였다. '지금부터 인생을 다시 시작하자.' 그렇게 마음속으로 중얼거렸다.

조선신보를 사직하고 나서는 한글 번역을 생업으로 삼았다. 번역이라면 어머니를 간병하면서 할 수 있을 것도 같았고, 마침 TV뉴스의 영상자막 번역 일이 예기치 않게 들어왔다. 퇴직 직후부터 프로 번역가에게 수업도 받기 시작하였다. 어머니는 2007년 6월에 69세로 타개했다. 한동안 아무 것도 손에 잡히지 않았지만 시간이 갈수록 '이러면 안 돼!' 하면서 앞으로의 인생을 생각하게 되었다.

나는 납치문제를 계기로 조선신보를 그만두었지만, 왜 그런 일이 일어났는지 계속 생각해 왔다. 곰곰히 생각해 보면 문제는 한반도에 냉전구조가 남아있는 데에 있는 것은 아닐까. 그렇다면 한반도의 냉전구조를 없애는 방법을 생각해보면 어떨까. 그런 생각에서 연구자가 되기로 결심하였다. 북한이라는 나라를 냉정하게 하나의 연구대상으로써 분석하고 싶다고 생각하였다. 두 번의 평양특파원 경험도 살릴 생각이다.

그럴 무렵, 도쿄대학 대학원에 한국조선문화연구실이 있다는 것을 알았다. 대학원에서 기초부터 연구해 보려고 시험을 치렀다. 과거 입시문제를 구해서 수십 년 만에 입시공부를 했지만 시험문제가 대단히 어려웠기 때문에 떨어졌다고 생각했다. 도쿄대학에 시험 치르러 간 추억거리로, 가져간 도시락을 산시로이케三四郎池* 연못에서 먹었다. 나에게는 '좋은 추억이 됐어.'라는 정도로 생각했다. 그런데 1차 시험결과를 보러 갔더니 내 수험번호가 있는 것이 아닌가. 2차 면접도 무사통과하며 합격하였다.

2008년 4월부터 대학원생으로서 도쿄대학에 다니기 시작하였다. 석사논문은 2년 만에 무사히 통과했지만 박사논문은 그렇게 할 수 없었다. 연구를 시작한 처음에 한국의 학자에게서 '힘든 길을 선택했군요.'라는 말도 들었다. 그 때는 느낌이 오지 않았지만 연구를 계속하는 사이에 그

- 도쿄대학 혼고(本郷)캠퍼스 중앙에 위치한 연못으로 정식 이름은 이쿠토쿠엔 신지이케(育德園心字池)이다. 1615년 오사카 여름전투 이후, 가가번 마에다(加賀藩前田) 가문은 막부로부터 현재의 도쿄대학(혼고캠퍼스의 일부) 및 그 주변지를 하사받았다. 1629년 4월, 마에다 가문 3대 번주 도시쓰네(利常)는 도쿠가와 3대 쇼군 이에미쓰(家光)와 2대 쇼군 히데타다(秀忠)의 방문에 앞서 오나리 궁전(御成御殿)과 스키야(数寄屋) 다실(茶室)을 신축하고 정원을 정비했다. 이 정원이 이쿠토쿠엔(育德園)이며 연못을 신지이케(心字池)라고 했다. 나쓰메 소세키(夏目漱石)의 명작 '산시로(三四郎)'는 이곳을 무대로 했기 때문에 '산시로이케'라고 불리게 되었다.

말의 의미를 알게 되었다.

생활을 유지하기 위해서 아르바이트를 몇 개나 해야 했기 때문에 연구에 충분한 시간을 할애할 수 없었다. 그렇지만 일단 시작한 일은 끝까지 해내야 한다는 일념으로, 근래 수년간은 휴일도 반납하고 박사논문에 집중하였다. 논문에 사용할 자료를 모으기 위해서 2008년부터 4차례 북한에 갔다. 조선신보의 평양특파원 시절 이후, 5년만이다. 보고 듣는 것 모두가 달라져 있었다.

평양에는 이탈리아 음식점과 고기겹빵(햄버거) 가게 등 서양식 음식도 밀려들어와 있었다. 젊은이들을 중심으로 손님도 연이어 드나들고 있었다. 맥주홀은 일을 마치고 귀갓길에 한 잔하러 오는 노동자들로 붐비고 있었다. 유원지에서 절규머신을 즐기는 어른과 아이들의 모습도 있었다. 1990년대 후반의 어려웠던 시절을 회고하는 연극이 대인기였다. 이 연극의 내용은, 인민을 먹이는 것이 최우선이었기 때문에 중학생 딸을 아사(餓死)하게 한 여성 당간부가 주인공이었다. "아사"라는 부정적인 측면을 연극소재로 사용한 것에 놀랐다. '아무리 그렇더라도 딸을 굶겨 죽이는 엄마를 그리다니'라는 반대의견도 적지 않았다고 한다. 그렇지만 북한 사람들이 저 어려웠던 시절을 회고할 여유가 생긴 것을 보여주는 단적인 예라고 말할 수 있다.

박사논문에서는 4차례 북한을 방문하고 얻은 자료를 충분히 활용하였다. 2017년 7월 13일 나는 도쿄대학의 박사가 되었다. 여기까지 오는 데는 7년 걸렸다. 석사과정도 포함하면 9년이다. 논문 제목은 '북한에서의 경제개혁·개방정책과 시장화(北朝鮮における経済改革·開放政策と市場化)'이다. 구술시험을 거쳐 지도교수인 혼다 히로시本田洋 선생에게 정식으로 학위를 수여받을 예정이라는 것을 알게 된 순간 지금까지의 고생을 떠올리며 감개무량했다.

이 책은 그런 연구 성과와 식견을 바탕으로 북한을 '경제의 시점'에서 분석하여, 평이하게 썼다.

'북한'이라고 하면 독자는 무엇을 상상할까. 핵무기와 미사일, 납치, 기아와 독재 …… 그런 정도 일지도 모르겠다. 항간에는 방대한 양의 북한 정보가 넘쳐난다. 그렇지만 북한 사람들이 무엇을 생각하며 어떻게 생활하고 있는지를 전해주는 것은 적다. 대부분이 지도부의 정책을 분석하는 것이거나, 서민의 생활을 그린 것도 새터민(북한을 탈출한 사람- 옮긴이)을 출처로 한 기아와 생활고 등 부정적인 이미지를 강조한 것이 두드러진다. 그야말로 '잔혹 이야기'. 그러나 과연 그것이 북한의 실상을 전부 전하고 있다고 말할 수 있을까.

나는 대학생 시절인 1984년에 처음 북한을 방문한 이래, 2012년까지 모두 15차례 북한을 방문하였다. 그 중에는 두 번의 평양특파원과 연구목적인 현지조사 등 장기체류도 4번 포함된다. 언제나 관심을 가지고 추구해 온 것은 북한에 사는 일반 사람들의 보통의 삶이었다. 그 나라 사람들의 희로애락을 모르고서 그 나라의 실상을 안다고 말할 수 없다.

그 때문에 현지에서는 되도록 많은 사람들과 접촉하려고 마음에 새겨두고 그들의 일상생활을 관찰하고 취재하려고 시도하였다. 그러자, 일본에서 전해지는 이미지와는 다른 북한의 모습이 보였다. 사람들은 제한된 환경에 있다고는 하나 그 속에서 씩씩하게, 어려움 속에서도 유연하게 대응하면서 살아가고 있었다.

이 책에서는 그런 북한의 보통 사람들의 생활모습과 생각을 최대한 전할 작정이다. 책을 쓰는 데에는 현지에서 자신의 눈으로 보고 듣고 체험한 것만으로 한정하였다. 취재 출처가 확실하지 않은 정보는, 특히 북한과 같은 국가에 관해 말할 때는 주의가 필요하다고 생각하기 때문이다. 이 책을 통해서 사실적인 북한을 알게 된다면 다행이다.

1장 시장경제화의 흐름은 멈출 수 없다

사회주의 계획경제를 국시國是로 하는 북한의 국영상점에서는 국정 가격으로 국산품을 제공하는 것이 기본이다. 국정가격은 수요와 공 급에 의해 변동하는 것이 아니기 때문에 가격이 일정하다.

그러나 지역시장에서는 수요와 공급에 의해 변동하는 시장가격으 로 거래된다. 게다가 파는 쪽과 사는 쪽이 가격을 협상하는 '가격 할인' 행위도 볼 수 있었다.

할인 협상

"잠깐 우리 가게의 상품도 보고 가십시오."

판매원들이 활기차게 말을 건다. "시장 가방은 필요 없습니까?"라며 젊은 여성이 다가온다. 체육관을 세 개 붙여놓은 정도의 넓은 부지 안에 식료품, 일용품, 의류 등의 매장으로 구분된 시장에는 고기와 생선, 채소와 과일, 떡과 도넛 등의 과자류, 김치 등의 반찬, 의류와 속옷, 구두, 식기, 중국산 전자제품, 조미료 등의 생활용품이 빽빽하게 진열되어 있었다. 이곳에서는 북한에 물자가 부족하다는 것이 거짓말 같았다.

2008년 여름, 평양시 낙랑구역에 있는 통일거리 종합시장을 방문했을 때 시야에 들어온 것은 '여기가 과연 평양인가?'라는 생각이 들 정도로 활기 넘치는 광경이었다.

종합시장의 전신은 건국 초기부터 있었던 '장마당(농민시장)'*이다. 장마당이라는 것은 협동농장(토지 등의 생산수단을 통합하고 공동노동에 기초해 농업 생산을 행하는 집단농장이다.)에서 농민이 생산한 농산물과 축산물의 일부를 일정 장소에서 농민이 주민에게 직거래하는 합법적인 상업형태로 암시장과는 다르다.

---

* 북한 각지에서 상품을 사고 파는 시장. 언론 등에서는 일반적인 시장과의 구분을 위해서 장마당이라고 부르고 있다. 국영기업 대다수가 연료와 자재 부족으로 유명무실화된 1990년대 이후 북한 경제에서 큰 역할을 하고 있으며, 북한은 공식적으로 세금이 없는 나라이지만 장마당에서 장사하는 장사꾼들이나 기업들을 대상으로 일정액의 임대료를 받기 때문에 북한 정부 재정에도 큰 도움을 주고 있다.

북한에서는 1948년 9월 정권수립 직후부터 3일 내지 5일마다 재래시장이 열리고 있었는데, 1950년부터는 그것이 장마당이라는 형태로 운영되었다. 1958년 8월에 개인 상업이 폐지됨과 동시에 장마당도 일단 폐지되었지만, 1964년에 부활해 월 3회 10일마다(1일, 11일, 21일) 열려왔다. 1990년대 후반의 경제위기에서 국가의 공급시스템은 사실상 붕괴되고, 사람들은 식량과 생활필수품을 장마당 등에서 구입하였다.

합리적인 장마당 이외에도 비합리적인 '길거리시장(노점)' 등이 각지에 생겨났다. 이러한 시장에서는 공장과 기업소에 출근하지 않고 각자 자기 집에서 만든 빵이나 면 등을 팔아서 돈벌이에 나선 사람도 있었다. 북한 정부의 결정에 따라 장마당은 2003년 6월부터 공업제품과 쌀 등도 판매 가능한 종합시장(나중에 지역시장으로 변경, 이후 지역시장으로 통일)으로 변모하였다.

지역시장의 과일매장에서 상품을 찾으면서 걷고 있으면 "싸게 드릴께 사 가십시오."라고 여성 판매원이 호객행위를 하였다. "얼마에 줄 거예요?"라고 할인 협상을 시작하면 근처의 다른 가게 판매원이 와서 "우리 가게도 싸게 드립니다."라며 나를 잡아당기려고 하였다. 판매장에는 많은 점포가 있었고 서로 가격경쟁을 하고 있었다.

한참 시장을 보고 있는데 "시장 자루(시장 가방)을 사지 않으시겠습니까?"라며 계속 따라다니는 젊은 여성이 있었다. 내가 대량으로 물건을 사기 때문에 중요한 손님이라고 생각했던 까닭에서일까? "필요 없어요."라고 뿌리쳐도 포기하지 않고 따라와서는 "아주머니 자루가 있는 게 좋을 겁니다."라고 끈질기게 말을 걸었다. 아마도 이 여성은 팔리는 매수만큼 돈을 받을 것이다. 그런 생각이 들자 사주고 싶기도 했지만 일일이 대응했다가는 한도 끝도 없을 것 같았다. 그래서 이곳에서는 냉정히 거절하였다. 이런 여성은 그녀 이외에도 여러 명 있었다. 어딘가의 조직에 고용되어 있을 것이다.

사회주의 계획경제를 국시國是로 하는 북한의 국영상점에서는 국정가격으로 국산품을 제공하는 것이 기본이다. 국정가격은 수요와 공급에 의해 변동하는 것이 아니기 때문에 가격이 일정하다.

그러나 지역시장에서는 수요와 공급에 의해 변동하는 시장가격으로 거래된다. 게다가 파는 쪽과 사는 쪽이 가격을 협상하는 '가격 할인' 행위도 볼 수 있었다. 지역시장에서는 통일된 시장가격이 책정되어 있지만 실제로는 각 점포에 재량권이 있을지도 모른다. 그렇다고 하더라도 시장한도액이 설정되어 있기 때문에 그것을 넘은 거래는 단속 대상이 된다.

내가 북한시장을 방문한 것은 이때가 처음이 아니다. 이보다 19년 전인 1989년 가을, 평양 시내에 있는 장마당을 방문했던 적이 있다. 입구에는 장마당에 관한 김일성 주석의 '말씀'과 판매가능·불가능한 상품의 품목표가 붙어 있었다. 이 당시는 쌀, 담배, 술, 외국제품 등은 판매가 금지되어 있었다. 내가 방문한 날에는 메기, 채소, 콩, 밤 등의 식료품과 금붕어, 빗자루와 대걸레 등의 청소도구가 진열되어 있었다. 가격은 파는 쪽과 사는 쪽의 협상으로 결정되고 있었다.

이 장마당은 고층 아파트에 둘러싸인 안뜰에 위치하고 있었다. 이러한 시장은 각 지역에 하나씩 설치되어 있었지만, 당시의 장마당은 합법적이기는 해도 과도적 조치에 불과하였다. 고층 아파트군의 한 모퉁이에 위치했고 사방이 벽으로 둘러싸여 바깥세상과는 격리되어 있었다. 판매장의 면적도 그다지 크지 않았으며 진열된 상품도 한정되어 있었다. 손님도 한산했다. 어디까지나 공급으로 감당하지 못하는 부족분을 구입하는 "보조적 수단"이라는 위치였다. 현지 사람도 '낙후된 장소'라고 인식하고 있었을 것이다. 그래서 그런지 나에게는 그다지 보이고 싶어 하지 않았다.

위기에서 태어난 경제개혁

1990년대 북한의 경우에는 건국 이래 가장 고된 시련의 시기였다. 1989년부터 1991년에 걸쳐 북한 무역 70%를 차지하고 있던 소련·동구 사회주의 여러 국가가 붕괴하였다. 북한은 이들 사회주의 여러 나라에서 우호가격으로 들여온 원유, 해탄骸炭*, 고무 등의 원료를 시장가격으로 입수할 수밖에 없었다. 게다가 지금까지의 루블ruble(러시아의 통화단위)이 아닌 달러 결제였다. 북한은 금세 외화부족에 빠졌다.

외화가 부족하면 원료도 풍족하게 들여올 수 없다. 원유 수입도 지체되어 에너지 부족이 일어났다. 따라서 공장 가동률은 떨어지고 생산도 제대로 할 수 없었다. 국영상점에서는 생산물자의 부족이 빈발했다. 그런 가운데 1994년 7월 8일 건국의 아버지였던 김일성 주석이 사망, 국민은 3년간 상복을 입게 되었다.

나쁜 일은 연속되었다. 1995년, 96년에는 2년 연속으로 수해가 일어났다. 특히 1995년은 '백 년 만'이라고 일컬어지는 큰 재해였다. 전국의 농장도 괴멸적인 타격을 입어 북한은 심각한 식량부족에 빠졌다. 이 무렵의 곡물생산량을 보면 1995년은 380만 톤이고, 1996년은 더욱 떨어져 261만 톤, 1997년이 286만 톤(유엔식량농업기구[FAO] 통계)이었다. 최소 곡물필요량 540만 톤에 약 160만~280만 톤이나 부족하였다.

• 석탄을 건류할 때 생기는 기름 상태의 끈끈한 검은 액체(콜타르). 용도는 제철·주물용·가스화용(도시가스 및 화학공업용) 기타로 대별된다.

정부는 식량과 생활물자를 정상적으로 공급할 수 없게 되었다. 공급시스템은 사실상 붕괴하였다. 사람들은 식량과 생활물자를 장마당이나 암시장에서 찾게 되었다. 직장을 내팽개치고 장사로 나서는 사람들도 많이 나타났다. "보조적 수단"에서 "주된 중요 수단"으로 바뀐 장마당은 상설시장으로서 거의 매일 열리게 되었다. 곡물 등의 통제 품목도 팔면서 '암시장화' 되었다. 길가에는 사람들이 집에 있는 것을 들고 나와 팔기도 하고 물물교환으로 생활물자와 식량을 마련하였다.

북한에서 시장의 중요성이 높아지게 된 직접적인 계기는, 1990년대 후반에 이르러 건국 이래 최대의 경제위기에 휩쓸리면서 사실상 공급시스템이 붕괴되었기 때문이다. 그러나 근본을 더듬어보면 다른 사회주의 여러 국가에게 의존도가 높았던 북한경제의 구조적 취약성에 있다고 생각할 수 있다. 구상무역求償貿易*으로 자국에 없는 것을 다른 사회주의 국가로부터 조달하고 수입품도 우호가격으로 입수해 왔다. 옛 소련·동구 사회주의권 붕괴, 중국의 개혁·개방정책에 의해 그러한 혜택을 받을 수 없게 되자, 북한경제는 유지될 수 없게 된 것이라고 추측할 수 있다.

여기에서 북한의 경제시스템에 관해 간단히 설명하면, 김일성 주석은 해방(1945년 8월) 직후부터 자본가와 지주를 적대세력으로 간주하고 숙청 대상으로 삼았다. 1945년 10월 13일에 실시한 연설에서는 '친일지주, 예속 자본가들과 민족 반역자들을 철저히 숙청하는 것은 지극히 당연한 일'이라고 말했다. 결국, 그는 돈벌이를 악으로 간주하고 철저히 배제하는 국가 만들기를 처음부터 지향했다고 말할 수 있다.

• 두 나라 사이에 협정을 맺어 수출과 수입을 물물교환과 같은 형태로 무역하는 방식이다.

북한은 임시인민정부시대부터 소련을 모델로 하는 계획경제제도를 도입하였다. 1946년 3월 5일에는 개인소유의 농지를 몰수해서 빈농들에게 나누어주는 토지개혁을, 같은 해 8월 10일에는 광산과 철도, 대규모 산업시설 등 일제강점기에 주로 일본인이 소유하고 있었던 산업시설을 몰수하고 주요산업의 국유화를 실시하였다. 건국 전인 1947년 2월에 최초의 경제계획을 발표하였고, 건국 시에 채택된 헌법에서는 '국가는 유일한 인민경제계획을 작성'할 것이라고 명기하였다. 건국 초기인 1949~50년에는 최초의 연차계획인 2개년계획을 실시하였다.

한국전쟁(1950~53년) 기간 중에는 전시경제정책을 실시하였다. 1993년 12월에 제3차 7개년계획*을 달성하지 못한 것을 인정하기까지 한국전쟁 이후에도 계획경제시스템은 유지되었다. 제3차 7개년 계획을 마지막으로 경제계획이 발표된 적은 없었는데, 2016년 5월에 36년 만에 열린 조선노동당 제7차 대회에서는 김정은 조선노동당 위원장이 '국가경제개발 5개년 전략 수행'을 과제로 잡았다. 이런 점을 보건대 북한의 지도부가 계획경제노선을 포기했다고 생각하기는 어렵다.

사회주의 경제계획의 근간을 이루는 것은 공급시스템이다. 식량과 생활필수품은 곡물전매소와 국영상점 등에서 국정가격으로 구입한다. 상품공급에서는 주문제도, 즉 사람들의 주문에 의해서 상품을 생산하고 공급하는 상품공급제도가 도입되었다. 이 제도 하에서는 수요에 의해 상품을 계획적으로 공급할 수 있다고 한다.

• 북한의 경제계획은 1947년부터 시작되었다. 인민경제발전 5개년계획은 1개년계획 (1947, 1948), 2개년계획(1949~1950), 전후복구 3개년계획(1954~1956)이다. 이후 사회주의 경제체제를 바탕으로 본격적인 경제계획을 추진한 것은 1961년 제1차 7개년계획(1961~1970), 제2차 7개년계획(1978~1984), 제3차 7개년계획(1987~1993)을 수립하였다.

경제위기에 직면했던 김정일 정권은 시장을 없애지 않고, 공급시스템이 정상화될 때까지 대체수단으로써 이용하는 현실적인 선택을 하였다. 통제 품목이었던 곡물과 공업제품 등도 판매할 수 있게 하였는데 이것은 이미 벌어져 있던 사실을 추인追認하는 것이나 다름없었다. 이렇게 장마당은 지역시장으로써 기능하게 되었다. 뿐만 아니라 정부는 국정가격을 시장가격과 비슷하게 붙여서 시장에서의 인플레이션을 억제하려고 했다.

2002년 7월 1일에 물가와 임금을 실제 시세에 가까운 형태로 개정한 조치는 어떤 의미에서는 위기를 회피하기 위한 것이었지만, 서구에서는 경제개혁을 보이는 대표적인 움직임이라고 파악했다.

북한 자신도 2003년 6월, 국영 조선중앙통신을 통해 스스로의 조치를 '경제개혁'이라고 처음으로 규정하였다. 지금까지 개혁·개방은 절대 없다고 주장해 온 것에 반해 스스로 경제개혁을 실시하고 있다는 것을 인정하였다.

이 물가개정 때에 기준이 된 것이 쌀의 국정가격이다. 1946년 이래 유지되어온 농민에게서 정부가 사들일 때의 수매가격과 정부가 국민에게 공급할 때의 공급가격이 대폭으로 올랐다. 쌀 1킬로그램의 수매가격은 80전(100전은 1원)에서 40원(0.24달러)으로, 공급가격은 8전에서 44원으로 개정하였다. 북한측에서는 최대한 시장가격에 가까이 개정가격을 설정했다고 설명했다.

그러나 내가 2003년 현지에서 직접 들었던 시점에서, 쌀의 시장가격은 국정가격을 상당히 웃돌고 있었다. 지방도시인 함경남도 함흥에서 1킬로그램이 200원, 평양 근교인 황해북도 송림에서는 160원으로 국정가격의 3~5배에 달하고 있었다. 지역은 특정하지 않았지만 '800~900

원에 거래되고 있었다.'라는 한국인 연구자 권영경 씨의 지적도 있었다. 당시부터 쌀의 국정가격과 시장가격 사이에는 큰 차이가 있었다. 이는 수요와 공급에 의해 가격이 변동하는 시장시스템이 북한에도 도입되어 있다는 것을 보여주는 것이기도 했다.

당시 일본과 한국의 여러 신문에 의하면, 노동자의 기본급은 평균 2000원, 탄광 인부는 3배인 6000원, 대학교수는 7000~8000원, 정부의 국장급이 3500~4500원이었다. 모든 사람들이 쌀을 공급가격으로 구입할 수 있다면 기본급이 제일 낮은 일반노동자라도 어떻게든 급여로 조달할 수 있다. 광부와 대학교수라면 조금 여유가 있을 것이다. 다만, 모두 공급가격으로 구입할 수 없어 부족분은 시장에서 구입하게 된다.

예를 들면 2003년에 평양에서 취재한 리춘화 씨 일가. 남편과 중학생 딸로 구성된 3인 가족으로 IT 관련의 일을 하고 있는 남편은 2450원, 탁아소에서 보육사로 일하는 리 씨 본인은 2000원의 임금을 받고 있었다. 이 가족의 수입은 모두 4450원이다. 이 돈으로 방 두개와 거실·부엌이 딸린 아파트의 집세(전기·가스요금 포함) 380원과 수도요금·난방비를 공제하고 남은 것으로 생활비를 충당하고 있었다. 부식비와 채소는 국영 상점 등에서 구입하고 쌀은 '공급으로 마련한다.'라고 말하고 있었지만, 당시의 실제 곡물공급량은 1일 최대 270그램(FAO·세계식량계획〔WFO〕조사)이었다. 정부가 정하는 16~60세의 기준공급량은 750그램이지만, 이것에는 훨씬 못 미친다. 당시 목표로 여겨졌던 1일 575그램의 약 절반에도 충족하지 않았다.

이마저도 270그램에는 옥수수 등의 다른 곡물도 포함되어 있어, 쌀의 공급은 절대적으로 부족하였다. 2003년 당시 평양에서 들은 바로는, 공급과 중단을 반복하고 있었고 지방으로 가면 공급제도 자체가 제 기능을 발휘하지 못한 지 몇 년이나 지났다고 말하고 있었다. '공급? 그런 단어는 잊어 버렸습니다.'라고 웃으며 말해주던 노동자도 있었다. 부족분은 공급 이외의 방법, 즉 지역시장 등에서 조달할 수밖에 없었다. 그런 사람이 늘어나면 늘어날수록 시장가격이 올라가는 것도 당연하였다.

개혁 후퇴와 '화폐개혁'의 실패

'시장의 유통규모는 70%로 감소하였다. 시장 이용률은 서서히 내려가고 있다.' 사회과학분야의 중앙연구기관인 조선사회과학원에서 북한 국내경제를 연구해 온 리기성 교수는 이렇게 역설하였다. 2011년 8월에 강의를 들었을 때의 이야기다. 북한 정부가 경제개혁을 단행했던 목적의 하나는 인플레이션을 억제하는 것이었는데 예상대로 잘 되지 않았다. 물가를 대폭 개정할 때 쌀 가격을 기준으로 삼았기 때문에 쌀 가격이 상승함과 동시에 다른 상품가격도 현저하게 상승했다.

시장에서는 돼지고기 1킬로그램이 2500원에 팔리고 있었다. 국정가격이라면 220원이기 때문에 그야말로 22배다. 에너지와 원료 부족에 의해 국영공장과 기업소에서 생산은 정체되고 국영유통망을 통한 공급제도는 좀처럼 정상화되지 않았다.

지역시장은 계속 늘어나 사람들이 식량을 조달하는 장소로 활개치고 있었다. 다만, 정부의 입장에서 시장은 언젠가는 없애야 할 존재였다. 시장의 활성화가 결국에는 시장경제로 대체되지는 않을까 두렵기 때문이다. 시장을 없애려면 우선 식량공급제도를 부활시키는 것이 선결이었다. 그래서 정부는 2005년 10월 1일자로 '양곡전매제'를 실시하였다.

 '양곡전매제'라는 것은 국가가 식량전매권을 쥐고서 구역마다의 식량 도매점에서 곡물을 국정가격으로 공급한다는 것이다. 이것에 의해 곡물 판매를 정부가 일괄하고 지역시장에서의 판매는 금지시켰다. 그 후, 부동산 전면조사(2006년 4월), 개인서비스업 실시조사(2007년 초), 지역시장통제(2007년 10월), 지역시장의 개장일수와 판매품목 제한(2008년 10월), 지역시장의 면적축소(2009년 6월) 등, 경제개혁에 역행하는 조치가 연이어 실시되고 있었다. 2007년 4월에는 박봉주 총리가 해임되었다. 2003년 9월에 총리에 취임한 이래, 경제개혁을 지휘한 인물이었던 점에서 개혁의 후퇴를 시사하는 움직임이라고 볼 수 있다(박봉주는 2010년 2월에 복권. 13년부터 총리로 복귀. 19년 당중앙위원회 부위원장 선출, 총리직에서 물러났다).

 식량공급은 북한 당국의 의도와는 다르게 바로 정체하였다. 쌀 가격도 계속 상승했다. 나는 북한 사람들의 생활을 어느 정도 알게 되리라는 생각으로 북한을 방문할 때마다 정기적으로 쌀의 시장가격을 조사해왔다. 그 조사 결과에 의하면 쌀 1킬로그램의 가격은 평양에서는 2007년 8월에 1300원이었지만, 2008년 8월에는 2200원을 기록했다. 1년 만에 1000원 가까이 올라 있었다.

 지방도시인 함경남도 함주에서는 2008년 8월에 2500~2700원의 가격을 붙였다. 이것은 평양보다 높은 가격이었다. 당시 시장에서 물건을 구입할 때 필요할 것 같아 안내원에게 부탁해 5000엔을 북한 돈으로 교환하였더니 14만 3700원이었다. 1엔은 약 28원이므로 평양의 쌀 가격은 1킬로그램 약 78엔, 함주의 쌀은 89~96엔이 된다. 참고로 1달러는 3100~3200원(실제 시세)이라고 현지 사람에게 들었다.

인플레이션이 좀처럼 억제되지 않는 상황에서 북한 정부는 2009년 11월 30일, 갑자기 '화폐교환'*, 소위 '디노미네이션(Denomination, 통화 호칭 단위의 변경)'을 단행하였다. 결국 통화를 절하하였다. 1세대 당 10만 원 상한으로 교환비율은 100 대 1로 정했다. 목적은 부풀어 오른 화폐를 흡수하는 것에 있었다. 앞에서 언급한 리기성 교수도 재일코리언의 학자를 대상으로 강의한 2010년 8월의 세미나에서 '필요이상의 화폐가 유통되고 있는 현상을 개선하고 국내 화폐의 가치를 높이는 것이 (화폐교환의) 목적'이라고 설명하였다.

북한 당국은 통화를 절하하면 시장가격이 내려가고 그에 의해 공급시스템이 부활해 시장의 역할이 누그러질 것이라고 생각하고 있었다(《조선신보》조선어판 · 전자판, 1990년 12월 4일자). 북한 화폐가 오르면 사람들이 임금의 범위 안에서 살아갈 수 있다고도 생각했던 것 같았다.

그러나 결과적으로 '디노미네이션'은 실패하였다. 그 일에 관해서는 이미 알려졌으므로 여기에서는 많은 것을 말하지 않겠다. 다만, 이 '디노미네이션'이 일반 사람들부터 맹렬하게 비판을 받은 일을 다시 한 번 더 강조해 두고 싶다.

당시, 항간에서는 김정일 국방위원장의 현지지도에 자주 동행하고 있었던 박남기** 국가계획위원회 위원장의 탓으로 '디노미네이션'이 실패했다고 알려져 있었다. 내가 만났던 사람들은 입을 모아 그를 '나쁜 놈'이라고 욕하고 있었다. 2010년 2월에는 김영일 총리(당시)가 공적인 자리

• 북한 당국이 1982년에 이어 17년 만인 2009년 11월 30일부터 12월 6일까지 화폐개혁을 단행, 구화폐와 신화폐를 100:1의 비율로 교환했다.
•• 조선민주주의인민공화국의 전(前) 노동당 계획재정부장이다(1934~2010). 2009년 화폐 개혁을 주도하였으나 실패한 책임을 물어 평양 체육촌 서산경기장에서 처형되었다.

에서 사죄했다고 한다. 당국자가 인민 앞에서 사죄한다는 것은 지금까지의 북한에서는 생각할 수 없었다. 그만큼 일반대중의 노여움이 컸다는 것이다.

사람들의 노여움을 유발했던 것은 물가가 내려가기는커녕 점점 올라갔기 때문이었다. 쌀의 시장가격을 예로 보면, '디노미네이션' 이후인 2010년 8월에 평양에서는 1000~1500원의 가격이 붙어있다(국정가격은 24원).

이것만 보면, 가격이 떨어진 것처럼 보이지만, '디노미네이션'의 교환비율은 100 대 1이었기 때문에 디노미네이션 이전의 가격으로 환산하면 10만~15만 원이 된다. 이것을 2008년 8월과 비교하면 평양의 시장가격은 약 45~68배로 상승한 꼴이다.

물가는 오르는데 급여는 그대로다. 살기 어려운 사람이 늘어났다. 시민의 경우에도 힘들게 모아 둔 비자금을 털린 것도 심한 타격이었다. 저축해 놓은 돈이 많을수록 피해가 컸다. 그중에는 장래를 비관해 자살한 사람도 있었다고 들었다. 화폐교환의 상한은 50만 원으로, 그 이상은 몰수당했다. 교환 후의 화폐가치는 50만 원은 5000원밖에 되지 않았다.

2010년 8월에 만난 어느 노동자는 이렇게 말하며 한탄하였다.

'처음에는 대단히 기뻤습니다. 사치스런 생활을 하고 있는 사람에게서 (돈을) 몰수해 주니 고마웠습니다. 물가도 내려가면 급여의 범위에서 살아갈 수 있지 않겠습니까. 그러나 그 후 곧바로 물가가 상승했습니다. 물가고는 지금이 최고입니다.'

이제 공급에 의존하지 않는다

2010년 9월에 화학제품용 원료와 화학비료 등을 생산하는 남흥청년화학연합기업소(평안남도 안주)를 방문했던 때의 일이다. 기숙사 식당에서 대단히 흥미로운 게시판을 발견하였다. '기숙사생 하루 공급량'이다.

이 게시물에는 기숙사생 1인당 하루에 필요한 식료품의 종류와 양이 기록되어 있다. 예를 들면, 곡물의 경우 쌀 400그램, 잡곡 200그램, 합 600그램이 하루 먹어야 할 분량이다. 그 외 콩 50그램, 고기 100그램, 생선 100그램, 채소 150그램 등의 데이터가 기록되어 있다.

아래쪽을 보니, '국가의 식량공급기준량 475그램'이라고 적혀있다. 정부가 기숙사생 1인당 공급하는 곡물 양이다. 결국은 125그램이 부족하다. 이 부족분에 관해서는 '4500평의 기숙사 부업지副業地*에서 수확한 곡물로 보충한다.'라고 명기되어 있다. 정부가 공급하지 못하는 종업원의 식량을 기업이 해결하고 있었던 셈이다. 곡물 이외는 보충량이 적혀 있지 않기 때문에 우선은 국가로부터 공급된 분량으로 조달하고 있었다고 생각할 수 있다.

이러한 예는 다른 데에서도 찾아 볼 수 있다. 중국·지린성의 중산무역수출입공사中山貿易輸出入公司와 합영(합작의 북한말– 옮긴이)으로 가구를 생산하는 영광가구합영회사(평양시 형제산구역)도 그 하나다. 1993년 종업원 7명의 국영기업으로 시작한 이 기업은 2004년에 정식으로 합영회사가 되었고 2007년에는 290명의 종업원을 둔 대기업으로 성장하였다. 내가 회사를 방문한 2008년에는 평양에 두 군데의 전시실을 갖추고 평양

• 노동자들의 부식물이나 가공원료 생산을 목적으로 북한 당국이 허용한 공장 기업소의 농경지이다.

평양시 교외에 있는 영광가구합영회사 공장에서 가구를 만드는 공장 종업원(2008년 8월)

시 교외에는 대규모 공장을 소유하고 있었다.

전시실과 공장을 견학할 때에 놀란 일이 있다. 대충 둘러본 후 휴게실에서 잠깐 휴식하고 있었는데 중국에서 수입한 캔 커피와 국산 페트병 미네랄워터를 마시라고 내왔다. 지금까지 북한에서 여러 공장과 기업소를 방문해 왔지만 서비스로 음료수를 내온 것은 처음이었다. 북한의 기업치고는 드물게 팸플릿도 비치되어 있었다. 안내해 준 20대 후반의 여성에게 급여 액수를 물어보았더니, '2000원'이라고 답했다. 결코 많지는 않지만 '쌀은 회사에서 공급되기 때문에 식량은 곤란하지 않다.'는 것이었다.

남흥청년화학연합기업소 기숙사 식당에서는 또 다른 게시물이 시선을 끌었다. 기숙사생의 '하루 식사 기준' 표이다. 이 표가 매우 흥미로운 것

영광가구합영회사(평양시) 대합실. 구경을 한 뒤에 물과 커피를 서비스 해 준다(2008년 8월)

은 각각의 식자재마다 단가가 기록되고 공급량과 금액이 기록되어 있는
점이다.

예를 들면, 제일 위의 백미는 1킬로그램이 24원이라고 적혀 있다. 이
것은 당시의 국정가격과 일치한다. 공급량은 400그램이므로 금액은 9.6
원이 된다. 다음의 강냉이(옥수수)가 1킬로그램 14원이고 공급량이 200
그램이니깐 2.8원이라는 계산이 된다. 이렇게 공급식료 각각의 단가와
양을 명기한 후에 63.09원이라는 합계금액도 기록되어 있다.

다시 말하면, 기숙사생 1인당 하루 식비는 약 63원이라는 것이 된다.
1개월 30일이라고 계산하면 한 달 식비는 1890원, 2000원의 급여를 받
고 있는 사람이라면 급여 대부분이 식비로 사용된다. 참고로 이곳에서
의 가격은 모두 국정가격이다. 정부의 공급이 끊겨 지역시장에서 조달

No	품명	단가	수량	금액	비고
1	흰쌀	24	400g	9.60	
2	강냉이	14	200g	2.80	
3	콩	24	50g	1.20	
4	간장	22	50g	1.10	
5	된장	24	60g	1.44	
6	소금	3.50	3g	0.01	
7	기름	180	10g	1.80	
8	고기	170	100g	17	
9	물고기	52	100g	5.20	
10	남새	6	1500g	9	
11	몰엣	50	10g	0.40	
12	두부	12	1모	12	
13	마늘	21	1g	0.021	
14	고추	750	2g	1.50	3438사대
계				63.096	4.4.세.21원

기업소 종업원을 위한 '하루 식사 기준'표
(2010년 9월)

해야 할 경우에는 시장가격으로 구입하게 된다. 그렇게 되면 식비를 이 금액으로 유지하기란 도저히 불가능하다.

북한에서는 종업원의 식량을 자력으로 해결하는 기업소와 공장이 증가하였다. 역으로 말하면 그런 공장과 기업소가 아니면 종업원은 떠나버린다.

'디노미네이션'으로 각 기업소에서 비자금으로 모아둔 돈도 착취당하였다. 그렇기 때문에 기업은 생산량을 적게 보고해 국가에 상납한 후, 잉여분을 비자금으로 모아두고 있다. 종업원을 먹이기 위해서다. 협동농장에서도 수확을 조절해 남은 쌀은 시장 등으로 부정 유출한다. 매상은 농민들끼리 서로 나누는 것이다.

없어지지 않는 "필요악"

"국산 마른명태 있어요?" 평양 통일거리에 있는 지역시장을 방문했을 때, 생선판매장의 판매원에게 물어보았다. 마른명태란 일본어로 말하면 스케토다라介党鱈를 말린 것으로 술안주와 반찬 등에 이용하는 북한의 인기식품이다. 그렇지만 2008년 여름 당시는 북한산 명태를 시장에서 판매하는 것이 금지되어 있었다. 남획이 원인으로 명태가 줄었기 때문이라고 사람들은 이야기하고 있었다. 정부는 환경문제를 이유로 남획을 금지하고 시장에서의 판매도 통제하고 있었다. 옆 가게에서는 중국산을 팔고 있었다. 중국산 판매는 허용되어 있었기 때문이다. "국산을 사고 싶어요."라고 말하면 판매원은 숨겨두었던 국산 명태를 슬쩍 내다 주었다. 그 대신에 가격은 중국산보다 비쌌다.

"싸게 27달러에 드리겠습니다. 사 가십시오." 2011년 여름에 통일거리의 지역시장에서 신선한 송이버섯을 찾고 있을 때 점원이 말을 걸었다. 원래는 1킬로그램 30달러인데 "3달러 싸게 드리겠습니다."라고 말한다. 본래 시장에서는 당연히 북한의 화폐밖에는 사용할 수 없다. 그렇기 때문에 일부러 달러와 엔 등의 외화를 국내 통화(북한 돈)*로 교환하여 소지하고 있었다. 규정위반인 것을 의식하고는 있는 걸까 아닐까, 점원은 당당하다.

그 전년도에 이 통일거리의 지역시장에서 중국산 회중전등을 샀다. 북한 가격으로 5000원이었지만 달러로 지불해도 상관없다고 말한다. 10달러 지불했더니 거스름돈은 북한 통화로 거슬러주었다. '10달러가 1만 5000원이니깐 거스름돈은 1만 원입니다.'라고 말하는 점원. 이때의 대화로 1달러의 실제시세가 1500원인 것을 알았다. 당시의 공정시세는 1달러 = 100원이므로 무려 15배다. 2011년 여름의 실제시세는 1달러 = 2500~2900원이었다. 북한에서는 달러의 실제시세가 자주 바뀐다.

2005년 10월의 '양곡전매제' 시행 후, 쌀을 비롯한 곡물은 시장에서 팔지 못하게 되어 있었다. 그렇기 때문에 공식적으로는 매매되지 않았지만, '쌀이 필요하다고 말하면 몰래 내줄 수 있습니다.'라고 현지 사람에게서 들었다.

북한 당국은 이러한 "부정"이 만연한 시장을 '비사회주의적인 장소'로

• 북한의 통화. ISO 4217 코드(통화와 기금의 표기법을 위한 코드, 한 나라의 통용되는 화폐를 간편하게 표기하기 위한 국제표준)는 KPW이며, 기호는 일단 ₩이나 실생활에선 한글로 '원'이라고 쓴다. 공식 환율은 900원/USD(United States dollar)이지만, 실제 환율은 치솟고 있어 아예 미국달러나 유로화, 위안화로 전향한 인민들이 많다.

서 싫어한다. 2007년 10월 무렵부터 지역시장의 통제가 본격화된 것은 앞에 서술한 그대로다. 판매원의 연령을 제한하기도 하고 개장일수를 제한하기도 하였다. 그런데도 완전히 없어지지는 않았다. 시장이 "필요악"이라고 생각하게 되었기 때문이다.

> '부업생산이나 농민시장이 남아있는 것은 나쁠 것이 없으며 오히려 좋은 것입니다. … 일용품들과 부식물들을 다 국가에서 넉넉히 공급하지 못하고 있는 조건에서 개인들이 부업겸 생산하여 시장에 내다 파는 것이 무엇이 나쁘겠습니까?'

지금부터 약 반세기 전인 1969년 3월 1일에 김일성 주석이 말한 내용이다. 그는 이렇게도 말했다. '법령으로 농민시장을 없앤다면 어떻게 되겠습니까. 물론 장마장은 없어지지만 암거래는 여전히 남아있게 될 것입니다.' 농민들은 부업으로 생산한 닭과 계란을 처분하기 곤란해, 결과적으로 방문판매와 뒷골목에서 팔게 될 것이다.

이러한 생각은 아들인 김정일 국방위원장에게도 이어졌다. 2008년 6월 18일에 당·국가의 경제 관료들에게 '시장을 강제적으로 제압하려고 해도 암거래가 횡행한다.'라고 말했다. 암거래가 횡행하면 가격은 상승한다. 그렇게 되면 '오히려 사람들의 생활에 불편을 준다.'라고 하는 것도 부자父子가 갖고 있는 공통적인 의견이었다.

그렇다고는 하지만, 두 사람 모두 마지막에는 시장을 없애고 싶다고 생각했다. 그러기 위해서는 식량 공급의 정상화는 꼭 이뤄내야 하는 일이지만 매우 어려운 일이다. 공급을 정상화하려면 우선 국영기업과 공장의 생산을 정상화할 필요가 있기 때문이다. 생산을 정상화하려면 기업과 공장이 정상으로 가동되어야만 하는데 그러기 위해서는 에너지,

이탈리아에서 들여온 평양양말공장의 설비
(2011년 8월)

전시코너에서 판매되어 있는 스타킹(2011년 8월)

평양양말공장에서 여성 스타킹을 제조하는 모습(2011년 8월)

즉 전력과 석유가 필요하다. 에너지 부족으로 공장이 가동하지 않는다.
→ 생산을 정상화할 수 없다. → 공급을 정상화할 수 없다.라는 '연쇄적
인 악순환'으로 북한 당국은 계속 고민하고 있다.

평양양말공장(평양시 평천지역)*에 이탈리아에서 들여온 여성용스타킹
을 생산하는 새 설비가 투입된 것은 2010년의 일이었다. 2011년 8월에
이 공장을 방문했을 때, 기사장技師長(책임 엔지니어- 옮긴이)인 한철호 씨는
'여성용 양말의 연간생산력은 1000만 켤레인데 내년에는 2000만 켤레
가 목표다.'라고 말했다. 연간 2000만 켤레 생산할 수 있게 된다면 평양

• 평양시의 중심부 산업구역이다.

북한 길거리에서 종종 마주치는 포장마차 (2011년 8월)

시뿐만 아니라 평양시의 일부 근교에도 공급할 수 있게 되기 때문이다. 공장 안에 전시되어 있던 여성용 스타킹 가격은 200원, 타이즈(몸에 꼭 붙는 스타킹 모양의 긴 바지)는 300원이라고 적혀 있었다.

1080만 켤레를 2011년에는 생산하여 목표를 초과 달성하였다. 평양의 여성인구는 약 170만 5000명(2008년 인구조사)이므로 유아부터 고령자까지 연령에 관계없이 모든 여성에게 양말을 공급할 경우, 1인당 연간 6켤레씩 공급할 수 있다. 만약 봄·여름에 스타킹 3켤레, 가을·겨울에 타이즈 3켤레를 각각 공급할 경우, 스타킹이 600원, 타이즈가 900원으로 합계 1500원이 양말 값이 된다. 일반노동자의 평균월수입을 2000원이라고 하면 연수입은 2만 4000원. 연수입의 16분의 1이 양말 값으로 사용된다는 계산이 된다.

그러나 이것은 어디까지나 공장이 풀가동하고 연간생산목표를 달성할 경우의 이야기다. 에너지 부족으로 공장이 정상적으로 가동하지 못하거나 원료부족으로 생산목표를 달성할 수 없다면 공급분을 받을 수 없는 사람들도 나온다. 뚫어진 양말을 꿰매 신든지 비싼 값을 지불하고 시장에서 양말을 구입할 수밖에 없다. 덧붙여 말하면, 2012년 6월에 통일거리의 지역시장에서 구입했던 여성용 양말의 가격은 한 켤레에 무려 5000원이나 했다.

메뚜기시장에서 진드기시장으로

2011년 8월 어느 날, 새벽 일과로 대동강(평양 중심부를 흐르는 북한에서 5번째로 긴 강)을 따라 걷기운동을 하고 있으려니 낯선 중년 여성이 일본어로 말을 걸어왔다.

여성은 1959년에 시작해 1984년에 종료했던 북한귀국사업(제일조선인 북송사업)으로 일본에서 북한으로 귀국했다고 한다. 함경남도 북청이라는 동해안의 시골마을에서 3일 걸려 평양에 왔다고 한다. 가족 모두가 귀국했기 때문에 일본에 가족은 없다고 했다. 때때로 평양으로 물건을 팔러 온다고 한다. 단기방문으로 일본에서 온 동포들을 상대로 마른명태를 팔아 그 돈으로 쌀을 산다고 말했다.

나에게 '사 주십시오.'라고 졸라대서 10마리를 구입하였다. '배급도 없고, 어떻게 살아가면 좋을지, 앞날이 캄캄하다.'고 한탄하는 아주머니를 동정했기 때문이다. 그러나 비교적 비싸 보이는 양산을 쓰고 있었고 낯빛도 좋았다. 그 후에도 아침 걷기운동을 할 때마다 이 아주머니와 마주쳤다.

아마 그녀는 장사치일 것이다. 아주머니는 조직의 관리자 같은 사람으로부터 명태를 도매가격으로 구입해 그것을 팔아 이익을 얻고 있다고 생각한다. 지역시장에서 장소사용료를 지불하면 합법적으로 장사할 수 있지만, 장소사용료를 지불할 수 없기 때문에(혹은 아까워서) 길가에서 지나가는 사람에게 호객행위를 하고 있는 것은 아닐까. 통일거리의 지역시장에서 만난 시장 가방을 판매하는 여성처럼 개인으로 움직이는 것이 아니라 조직으로 고용되어 있음에 틀림없다. 북한 사람들은 이런 사람들을 "장사꾼"이라고 한다. 이러한 표현이 있는 것 자체가 개인사업주의 존재를 인정하고 있다고 말할 수 있다.

아주머니가 팔고 있던 마른명태는 10마리에 3만원(1000엔)이어서 100마리 팔면 30만원이다. 그녀 말에 의하면 당시 북청에서 쌀은 1킬로 2000~2200원이므로 30만원 있으면 150킬로는 살 수 있다. 덧붙여 말하면 이 당시 통일거리의 지역시장에서는 마른명태 10마리는 35000원에 팔리고 있었으므로 시장가격보다는 조금 싸다.

북한에는 지역시장 이외에도 "길거리시장", "길거리상점"이라고 부르는 시장이 있다. 길거리는 일본어로 로죠路上이다. 문자대로 길거리에서 물건을 파는 '암시장'이다. 이 "길거리시장"을 현지 사람들은 "메뚜기시장"이라고 부르고 있었다. 이러한 시장은 단속대상이기 때문에 가끔 보안관(경찰관)이 단속하러 온다. 그것을 알아차리고 쏜살같이 도망치는 판매원의 모습이 메뚜기와 닮아 붙여진 이름이다. 그러나 보안관이 가버리면 판매원들은 원래의 장소로 돌아와 태연히 장사를 계속한다.

2012년 무렵이 되면 시민들이 단속하려는 보안관에게 항의를 하게 되었다. 도망가지 않고 그대로 장사를 계속하는 판매원이 늘어났다. "메뚜기시장"은 "진드기시장"으로 바뀌었다. 그 장소에 들러붙어 떨어지지 않는다는 이미지일까. 일본에서 진드기는 나쁜 이미지이지만 북한에서는 '강인함'을 상징하는 대명사였다.

움직이지 않는 열차와 "벼락시장"

이제 몇 시간이 지났을까. 열차는 함경남도 인흥이라는 역에 멈추어 선 채, 꿈쩍도 하지 않는다. 2011년 9월 4일 오전 7시, 함흥에서 평양으로 돌아오는 열차 안에서 잠을 깼다. 열차는 오전 2시에서 3시 사이에 멈춘 것 같다. 함흥을 출발한 것은 3일 밤 11시 반이 지나서였기 때문에 2~3시간 정도 달리고는 멈춰 버린 것이다. 북한에서는 이상한 일이 아니다.

기찻길 선로 위에 벼락시장이 섰다. 100원에 세수와 양치질할 물을 제공하는 초등학교(소학교) 저학년 정도의 아이와 송이버섯을 선로 위에 펼쳐놓고 말리고 있는 4인조 젊은이들도 있었다. 송이버섯 장사인 젊은이들은 평양으로 가져갈 것이라고 말했다. 열차 지연으로 신선도가 떨어지면 곤란하기 때문에 말리고 있다는 것이었다.

일본에서는 비싸서 먹을 수 없는 송이버섯을 어떻게든 입수하려고 동행한 남성 안내원에게 부탁해 가격협상을 시작하였다. 1개 2000원(약 0.8달러). 처음에는 2개를 구입해 생 송이버섯에 함흥역에서 산 고추장을 찍어 먹어보았다. 틀림없이 송이버섯의 향기다. 독특한 식감도 아주 좋았다. 추가

인흥(함경남도)역에서 구입한 송이버섯(위)과 열차 승무원이 만들어 준 송이버섯국(2011년 9월)

1장 시장경제화의 흐름은 멈출 수 없다   55

로 2개 더 구입하였다. 친절한 젊은이들이었다.

　한낮이 되었어도 열차는 전혀 움직일 기색이 없었다. 점심식사를 열차 안에서 해결해야 했지만 가져간 음식물은 모두 바닥이 났다. 열차 안에 조리장이 있었기에 승무원에게 송이버섯국을 만들어 달라고 부탁하였다. 물론 공짜는 아니다. 나에게는 말하지 않고 안내원이 몰래 봉사료를 지불하였다.

　인흥역은 작은 역으로 시장이라고 해도 그다지 물건이 많지 않았다. 팔고 있는 것은 옥수수와 도시락 정도다. 도시락을 구입해 송이버섯국과 함께 먹었다. 아주 맛있었다. 북한 사람들은 이러한 상황에 익숙한 것일까, 선로 위에서 각각 카드놀이를 시작하기도 하고 밖에서 밥을 지어 먹기도 하며 시간을 보내고 있었다.

　재일동포인 나는 열차 밖에 나가는 것이 금지되어 있었다. 북한 인민 이외는 허가 없이 밖에 나갈 수 없기 때문이다. 책을 읽든지 자든지 술을 마실 수밖에 없다. 가져간 평양소주는 전부 마셔버렸다. 안내원에게 선로시장에서 "초피 술"이라는 소주를 한 병 구입해 오게 했다. 750밀리리터에 1500원이므로 0.5달러 정도 된다. 의외로 맛이 좋아 3병 더 구입했다. 그런데 4병 모두 맛이 달랐다. '진짜 "초피 술"은 도대체 어느 것이란 말인가!'라고 외치고 싶었다. 아마도 병은 같아도 병에 담긴 술이 다른가 보다.

　그러고 보니 역과 길거리에서 구걸을 하는 아이들은 '병이라도 좋으니 주십시오.'라고 끊임없이 외치고 있었다. 북한에서는 길거리와 역 앞에서 구걸을 하는 아이를 '꽃제비'라고 부른다. 러시아의 '꼬체비예(방랑)', '꼬체우니쿠(부랑자)'에서 유래되었다고 한다. 꽃제비들은 병을 팔아 하루 벌이를 하고 있는 것일까. 집에서 만든 술을 그 병에 넣어서 팔고 있을지도 모른다.

2010년 당시, 지방도시에서는 북한에서 인기가 있는 대동강맥주의 '가짜'도 팔리고 있었다. 병은 틀림없이 대동강맥주인데 맛이 전혀 다르다. 그런데도 900원. 국영 평양제1백화점에서는 당시 한 병 140원이었으므로 가짜가 몇 배나 더 비쌌다. 그러나 생각하기에 따라서 그들은 병을 재활용하고 있을 뿐이다. '맥주임에는 틀림이 없기 때문에 특별히 속인 것은 아니다.'라고 반론할지도 모른다.

이러한 부정행위를 북한 정부는 싫어한다. 그렇지만 나는 반대로 이러한 현상을 목격할 때마다 북한 사람들에게 어떨 때는 친근감을 느낀다. 물론 저지르고 있는 짓은 나쁠지 모른다. 그러나 이것도 그들이 살아가는 지혜다. 1990년대에 정부의 공급이 중단되어 자력으로 식량을 조달하지 않으면 죽음을 맞이할 수밖에 없던 상황에서 사람들은 모든 지혜를 짜내 살아가고 있었다. 그것이 지금의 북한 사람들의 강인함과 당참으로 이어져 있는 것이 아닐까 생각한다.

결국 열차는 한밤중까지 움직이지 않았다. 어두컴컴한 밤하늘을 가득 채운 별. 마치 별이 하늘에서 쏟아질 것만 같았다. 별똥별도 몇 번이나 목격하였다. 저녁을 막 먹은 오후 9시경이었을까. 열차 좌석에서 잠깐 눈을 붙이고 있는데 사람들의 웃음소리와 노랫소리가 들려왔다. 승객들이 열차에서 내려 노래를 부르기도 하고 만담으로 웃기거나 춤을 추고 있는 것이었다. 열차에서 알게 된 사람들이 마치 오래 전부터 알고 지내던 친구인 양 마음을 터놓고 있었다. 낮 동안 시장이 서있던 기찻길 위가 밤에는 연회장으로 변했다.

날짜가 바뀌어 2시간 후인 5일 새벽 2시경, 간신히 열차가 움직이기 시작하였다. 새벽 3시경, 함경남도 고원역에 도착하였다. 여기에서도 오랜 시간 정차했지만 고원은 큰 역이였기 때문에 벼락시장의 상품수도 많았다. 오전 9시경, 열차에서 창밖을 내다보니 아침식사를 하고 있는 송이버섯 젊은 장사꾼들 주변을 부랑자와 꽃제비가 서성대는 것이 보였다. 먹을거리를 베풀어 달라는 것이다.

젊은이 한 명이 흰쌀밥을 나누어 주면서 하는 말이 기발했다. '희천으로 가거라.' 당시 희천(자강도)*에서는 대규모 발전소가 건설되고 있었다. 김정일 국방위원장 보증수표의 국가적 프로젝트에는 많은 인원이 동원되고 있었다. 그곳에 가서 일하면 우선은 먹을거리와 잠잘 곳은 확보가 능하다. '이런 곳에서 구걸하지 말고 먹여주는 곳에서 일하면서 국가에 공헌하라.'는 이야기다. 절묘한 유머와 센스에 갑자기 웃음이 터져 나왔다.

부랑자는 "건달꾼"이라고 불리고 있었다. 건달에는 '깡패' 등의 의미도 있지만 북한에서는 주로 '게으른 사람'이라는 어감으로 사용한다. 꾼이 붙으면 상대를 아래로 내려다보는 의미가 있다. 1990년대의 경제위기를 보낸 북한 사람들은 모두 자력으로 살아가는데 필사적이다. 아무것도 하지 않고 지내도 식량과 생활물자가 국가에서 지급되던 시대는 지났다. 살아가기 위해서 다양한 지혜를 짜내야 한다. 그렇기 때문에 스스로 일하려고 하지 않고 타인에게만 의지하는 사람에 관해서는 비판적이다. 장사 등으로 성공한 사람일수록 그러한 경향이 강하다.

'어쨌든 돈'이라는 것이 최근의 경향이지만, 어려울 때에는 서로 돕는 정신까지 잊어버린 것은 아니다. 송이버섯 젊은 장사꾼들은 불평을 하면서도 부랑자에게 먹을거리를 베풀어 주었다.

• 희천수력발전소는 북한 자강도 희천시에 위치해 있으며 2012년에 준공되었다.

북한의 경제가 최악이었던 1990년대 후반, 사람들은 옥수수죽을 먹으며 굶주린 배를 달랬다. '쌀이 없어서 도시락을 가지고 오지 않는 사람도 있었다. 그런 때에는 도시락 한 개를 나누어 먹었다. 양이 많을 때에는 나누고 적을 때는 받고, 그런 서로 돕는 정신이 있었기에 저 어려운 시기를 극복할 수 있었다.'고 리춘화 씨가 2003년에 했던 말이 지금도 종종 생각난다.

'정말로 꽃제비(부랑아)?'

'퍽!' 2011년 여름, 어두컴컴한 함흥역에서 열차가 천천히 달리기 시작하는 찰나, 내가 탄 차량에 무언가가 부딪혔다. 자세히 보니 어린 남자아이였다. 초등학교 저학년일까. 열차가 출발하기 전에 먹을거리라도 얻으려고 역에서 기다리고 있다가 그대로 잠들어 버린 것인지도 모른다. '철컹하는 열차가 움직이는 소리에 벌떡 일어나 서둘러 열차에 달려들다 부딪혀 버렸던 것이 아닐까. 어떻게 되었을까? 남자아이는 죽었을까. 큰 부상을 당했을까. 몇 년이 지난 지금도 남자아이가 부딪혔을 때의 '퍽'하는 소리가 귓전에서 떠나지 않는다.

북한의 지방에 가면 꽃제비들과 자주 마주친다. 특히 많은 곳은 사람의 왕래가 잦은 역 앞이다. 같은 해 2011년 여름, 함흥으로 가는 도중의 고원역에서 구걸하는 여자아이를 보았다. 3일 후, 평양으로 돌아올 때도 같은 아이를 보았다. 옷은 똑같은 더러운 것을 입었다. '병사리(함경도 사투리로 병을 의미함) 주세요.'라고 똑같은 말을 외치고 있었다. '부모가 시키고 있는 것입니다.' 동행한 안내원의 어조는 분노가 서려 있었다. '어린이라면 동정해 물건이나 돈을 주는 사람도 있을 것이라며 일하고 싶어 하지 않는 부모가 아이에게 꽃제비 흉내를 시키는 것입니다.'라고 혀를 차며 말했다.

분명히 꽃제비 중에는 그다지 야위지 않은 아이도 있었다. 낯빛도 나
쁘지 않고 옷차림이 더럽기는 해도 헤지지는 않았다. 북한에 가면 알 수
있지만 현지 아이들은 대개가 '단벌신사'다. 게다가 욕실 설비가 제대로
갖추어져 있지 않기 때문에 매일 몸을 씻을 수 없다. 때문에 어떤 아이라
도 꾀죄죄하게 보인다. 특히 지방에는 그런 아동이 많다. 그런데도 가엾
다고 생각했던지 안내원은 꽃제비 한 명에게 옥수수를 주었다. 그러자
어디에 숨어 있었는지 수십 명의 아이들이 달려들어 '우리들에게도 줘.'
라고 말했다. 결국 가지고 있던 옥수수는 전부 없어졌다.

다른 지방에서도 꽃제비라고 생각되는 집단을 만났다. 동행한 안내원
이 '이것을 먹고서 착실하게 공부해야 한다.'라고 말하며 빵을 주었다.
아이들은 '네'라고 대답하고 달아나버렸다. '배가 고플 터인데 뛰어 갈
기운이 있네.'라고 이상스럽게 생각한 적이 있었다.

1990년대 후반의 경제난 시기에는 부모가 죽거나 부모에게 버려진 아
이들이 꽃제비가 된 예는 적지 않다. 어린 아이들이 살아가기 위해서 구
걸과 도둑질을 할 수 밖에 없었을 것이라는 것을 쉽게 상상할 수 있다.
맨발의 아이들이 시장에 떨어져 있는 쌀알을 줍는 모습을 숨어서 촬영
한 영상이 일본에서 방영되기도 하였다.

꽃제비는 지금도 있다. 그렇지만 현지 사람들은 말한다. '정부도 아이
들을 내버려둔 것은 아니다. 전국 각지에 유아원(고아원)을 세우고 꽃제
비들을 수용할 수 있도록 하였다. 적어도 유아원에 들어가면 식량공급
은 받을 수 있다.' 그러나 한번 방랑벽이 붙은 아이들은 단체생활이 싫어
서 유아원을 뛰쳐나가 버린다고 한다. 빵을 주면 힘차게 달아나는 아이
들이 정말로 꽃제비였을까?라고 머리를 갸웃거리게 하는 부분도 있다.

공부가 싫어서 학교에 가지 않는 것일지도 모른다.

　물론 유아원의 존재를 모르거나 들어갈 수 없었던 아이들도 있을 것이다. 유아원에서 공급이 막히면 또다시 굶게 될지도 모른다. 그러나 잘못 전해지고 있는 부분도 있다고 생각한다. 물론 이유가 어쨌든 간에 하루속히 구걸을 하는 아이들이 없는 사회가 되기를 바란다.

인조고기와 이탈리안

　그 음식을 처음 본 것은 북한의 식탁이었다. '인조고기'이다. 인터넷의 '세계대백과사전 제2판'(平凡社)에서는 '식물 등을 원료로 고기처럼 가공한 식품'이라고 설명되어 있다. 먹어보면 의외로 맛있다.

　1990년대 후반의 경제난 시기부터 고기 대용식품으로서 식탁에 오르게 되었다. 콩을 갈아 밀가루 반죽처럼 늘려서 양념을 곁들여 먹기도 하고 튀기기도 하고 김밥재료로 사용한다고 한다. 나는 튀긴 것을 먹어보았는데 맥주 안주로 제격이었다.

　2010년대에 들어서도 서민의 생활은 어려웠다. 인조고기와 같은 대용식은 여전히 사람들이 즐겨 찾았고 외식을 할 때에도 '강냉이식당' 등 가격이 비싸지 않은 장소를 좋아했다. 강냉이라는 것은 옥수수다. 그 이름대로 옥수수를 재료로 만든 요리를 제공하는 것으로 유명하다. 덧붙여 말하면, 한국에서는 옥수수라고 말하는 것이 일반적이다. 인기 있는 음식은 '강냉이국수'이다. 메밀가루가 아닌 옥수수가루를 원료로 만든 냉면이다. 남성안내원과 함께 한 번 간 적이 있다. 술은 다소 값이 비싸지만 가져갈 수 있기 때문에 사다 놓았던 평양소주를 지참하였다(북한에서는 술을 가져갈 수 있는 가게가 많다). 모두 배불리 먹었는데 어른 4명의 식비는 120원元(2011년 9월 가격)이었다. 북한 사람들에게 적당한 가격인지, 가

식량위기 때 즐겨 먹었던 인조고기.
맥주와 잘 어울린다.

게는 초만원이었다.

  반대로 이탈리아 음식점(평양시 광복거리)은 파리만 날리고 있었다. 2011년 9월 '강냉이식당'에 같이 갔던 남성안내원과 운전기사와 함께 갔다. 평일 저녁인 탓일까, 100정도 수용 가능한 넓은 홀에 손님은 우리들과 젊은 남성의 모임뿐이었다. "종합 피자pizza"라는 이름이 붙은 단품 피자와 토마토소스 파스타를 주문했다.

평양의 이탈리아 요리점

본고장 이탈리아에서 기술자가 와서 전수했다고 말하는 만큼 가마에서 구워낸 피자는 맛있었다. 파스타는 조금 느끼했다. 그래도 그런대로 먹을 만했다. 그러나 안내원은 조금 먹어보고는 '맛없습니다.' 운전기사는 아예 입에 대지도 않았다. 둘 다 '우리네 사람은 입에 맞지 않습니다.' '우리 사람들은 두 번 다시 안 먹을 겁니다.'라고 말했다.

피자와 파스타에는 역시 와인이 어울린다고 생각하지만 이탈리아산 와인은 21달러나 했다. '그런 비싼 술은 주문하지 마십시오.'라고 안내원이 말려서 결국 북한산 소주(25도)를 주문하였다. 이탈리아 요리와 소주의 궁합은 추호도 어울린다고는 생각하지 않았지만 식사비용은 세 명이 33달러가 들었다. 그런데도 북한 사람들에게는 사치스런 부류에 들어갈 것이다. 안내원들은 가격을 듣고 놀랐다.

'이렇게 비싸면 국내 사람은 먹으러 올 수 없습니다.' '피자나 파스타로는 배를 채울 수 없습니다'. 안내원의 말에 그저 고개를 끄덕일 수밖에 없었다.

북한 당국은 고기겹빵 가게나 이탈리아 음식점 등의 외식산업이 들어와 있다고 자랑하지만 일반서민에게는 그림의 떡이다. 그보다도 속마음은 '강냉이식당'과 같은 장소가 늘어나기를 바라고 있을 것이다.

지방에서 외식을 해보았다

북한 최고봉인 백두산(2744미터)에 올라가기 위해 북중 국경마을인 삼지연(양강도)*을 방문했을 때, 지방에서 외식한 적이 있었다. 호텔에 늦게 도착했기에 저녁식사를 갑작스럽게 밖에서 먹게 되었다. 작은 식당에 들어갔다. 사슴과 멧돼지 통집으로 만든 육회와 자장면 등 몇 가지를 주문하였다. 육회와 자장면은 상상 이상으로 맛있었고 토종닭의 삶은 달걀도 맛있었다. 식탁이 세 개 정도 있는 작은 방 옆에 조리장이 있고 그곳에서 요리를 만들었다. 여성 세 명이 꾸려가고 있었다. 한국의 사극에 나오는 조선왕조시대의 주막과 같은 모습이다.

현지 사람에게 들으니 지방 식당은 대체로 이런 느낌이라고 한다. 소주는 가져갔으므로 순수한 식대만으로 1인당 약 6만원. 일반사무원 월급 20개월분이다. 결코 싸지 않다. 그런데도 현지 사람들이 제법 찾아와 만석이다. 밖에는 행렬이 줄지어 있었다.

다음날 아침은 호텔에서 조식을 먹었다. 양강도의 명물이라고 하면 감자다. 식탁에는 감자떡과 통감자구이 등 몇몇 감자요리가 즐비했다. 점심에는 감자부침이 나왔다. 감자를 주식으로 먹고 살던 시기도 있었기

• 1954년 10월 행정구역을 개편하면서 새로 만들어진 우리나라 북부 내륙지방에 위치한 양강도(兩江道)는 동쪽은 함경북도, 남쪽은 함경남도, 서쪽은 자강도 그리고 북쪽은 압록강과 두만강을 사이에 두고 중국과 접해 있다.

때문에 식량사정이 어려웠던 당시에 다양한 감자요리가 개발되었다. 물론 호텔식 감자 요리도 서민의 식탁에 올라가는 것과는 다를 것이다.

양강도에서 함경남도 함흥으로 향하는 도중에 들른 식당도 삼지연의 식당과 같은 분위기였다. 방은 약간 작고 조리장 겸 매점에는 주스와 술 등도 팔고 있었다. 경영자는 세 명의 여성. 버섯국과 밥, 버섯볶음에 4000원 정도. 시골의 음식답게 소박한 맛이 아주 좋았다. 길을 가던 도중에 운전기사에게 사과를 팔고 있는 사람도 발견했다.

국정가격과 시장가격

평양에서 제일 유명한 장소라고 말하면, 고 김일성 주석과 고 김정일 국방위원장의 거대한 동상이 세워져 있는 만수대 언덕일 것이다. 그곳에서부터 걸어서 5분 정도의 거리에 평양제1백화점(평양시 중구역)이 있다. 1982년에 개점한 오래된 백화점이다. '여기에서 국내산을 국정가격으로 판매합니다.'라고 백화점 측은 설명했지만 내부에는 외국산 상품도 놓여 있었다.

[표1-1] 평양제1백화점의 국산품과 외국제품의 가격비교

	국산품	외국제품(중국제)
공책	5, 8, 14, 90	1150, 1600, 1800, 2400, 3700
운동화	284, 345, 360, 435	15800, 27500, 32600, 33500

2011년 8월의 가격. 저자조사. 단위는 북한 돈(원)

[표 1-1]은 이 백화점에서 공책과 운동화의 국산품과 외국제품의 가격을 열거한 것이다(가격은 일부). 외국제품에 비해 국산품이 싸구려 물건

외국제와 국산 공책을 같은 장소에 진열
(평양제1백화점. 2011년 9월)

인 것은 한눈에 알아볼 수 있다. 예를 들면 제일 싼 공책끼리를 비교했을 경우, 국산품은 5원이고 외국제품은 1150원이므로 국산품은 외국제품의 230분의 1 가격으로 구입할 수 있다. 마찬가지로 운동화의 경우는 국산품이 284원이고 외국제품이 1만 5800원이므로 55분의 1 가격이다. 월급 2000원인 일반노동자의 경우, 가장 싼 국산품 공책이라면 급여의 400분의 1을 지불하면 되지만 외국제품의 경우는 최저가격의 상품을 구입했을 경우에도 공책 한 권을 사면 급여의 절반이 없어진다. 이 백화점에서 팔고 있는 국산 치약가루는 1개 90~200원이고, 칫솔은 1개 22원이라는 낮은 가격이다.

소비자는 당연히 싼 가격의 국산품을 선택할 것 같지만 여기에서 문제가 되는 것은 품질이다. 평양제1백화점에서는 사진처럼 국산품과 외

평양제1백화점에서 주문한 공급 상품을 받기 위해 줄을 서는사람들(2011년 8월)

국제품이 같은 장소에 진열되어 있었는데 외국제품 쪽이 현격하게 질이 좋아 보이는 것은 누가 봐도 확실하였다.

평양시 광복거리에 있는 북한 최초의 슈퍼마켓에서는 평양제1백화점과 같은 국영상점과 가격경쟁을 하면서 시장가격보다 싸게 설정하고 있는 것 같다. 사망하기 2일 전에 방문한 김정일 국방위원장의 지시에 의한 것이라고 한다. 실제 빵 1개의 가격을 비교하면 평양제1백화점에서는 200원의 빵이 이 슈퍼에서는 268원에 팔리고 있었다.

그런데 국산공책 가격은 1권에 850원으로 50~90원인 평양제1백화점과 비교하면 대단히 비싼 가격이었다. 국산운동복은 상하 한 벌에 2만 1300원이다. 통일거리의 지역시장에서 봄가을용 점퍼와 바지 상하 한 벌이 10만 원에 팔리고 있었던 것에 비교하면 이 슈퍼의 가격은 시장가격보다 싸다고 말할 수 있다.

그러면 그 시장가격에 관해 통일거리의 지역시장에서 조사한 범위에서 살펴보자.

예를 들면, 사과 1킬로그램의 가격은 2010년 9월의 3000원에서 2011년 8월에는 1만 3500원으로 4.5배로 뛰어올라 있었다. 바나나 1킬로그램의 경우, 2010년 9월의 5000원에서 2011년 8월에는 5600원으로 600원 상승으로, 오렌지 1킬로그램의 가격도 2010년 9월의 5000원에서 2011년 8월에는 5600원으로, 이것도 600원 상승했다. 계란 1알은 2010년 9월에 300원이었던 것이 2011년 8월에는 380원이 되어 있었다.

또 송이버섯은 2010년 9월에는 1킬로그램 2만원(약 13달러)이었지만 2011년 8월은 30달러로 배 이상 가격이 올라있었다. 가격은 일정하지 않고 수요와 공급에 의해 변동하고 있다는 것을 엿볼 수 있다.

통일거리의 지역시장에서는 식량 이외에도 다양한 생활물자를 팔고 있었다. 예를 들면 중국산 SD메모리카드(2GB)는 2만 8000원(2011년 8월 23일), 중국산 회중전등은 5000원(10년 9월 3일), 부인용 청바지는 한 장에 60000원(2011년 8월 23일)이었다.

통일거리 시장에서 구입한
파낙소닉 SD메모리카드

북한에서는 2002년 7월 1일에 물가개정조치가 실시되어 시장가격에 근접한 형태로 쌀의 국정가격이 개정됐음에도 불구하고 처음부터 국정가격과 시장가격 사이에 커다란 차가 있었던 것은 이미 서술했다. 이러한 시장가격의 변동은 쌀뿐만 아니라

지역시장에서 판매되는 물품전반에 걸쳐있었다. 지역시장에 있는 모든 상품 가격을 조사할 수 있었던 것은 아니지만 적어도 식료품에 관해서는 가격이 빈번히 변동하고 있었다.

북한 당국은 시장가격이 무제한으로 올라 사람들의 생활에 지장을 초래하지 않도록 시장한도액을 설정하고 그것을 초과한 거래에 관해서는 단속 대상으로 삼았는데 그다지 효과는 없었던 것을 알 수 있다. 또 같은 상품이라도 시장에 따라 가격이 다른 경우도 있어 가격이 일정하지 않았다. 국영상점과 합작 상점에서는 가격이 달라 국정가격과 시장가격 이외의 '제3의 가격'이 존재했다.

지역시장에서 수요와 공급에 의해 가격이 변동하는 시장 매커니즘이 도입되어 있는 현실은, 북한에서도 시장경제 시스템이 침투해 있는 것을 나타내는 하나의 움직임이라고 말할 수 있겠다.

2장 경제에서 읽어내는 김정은 체제의 행방

2013년 3월에 개최된 조선노동당 중앙위원회 3월 전원회의에서는 핵개발과 경제건설을 동시에 추진하는 '신병진노선'을 발표하였는데, 이 노선의 취지는 국방건설보다 경제건설에 힘을 더 쏟겠다는 것이다. 즉 핵개발과 경제건설을 정책의 축으로써 두 가지 모두 동시에 추진한다는 방침이다. 김정은 제1비서(당시)는 또 다른 중요한 방침을 하나 더 발표하였다. 그 방침은 먼저 서술했던 기업에 경영권을 부여한다는 것이었다.

신흥 부유층의 대두

1990년대 후반의 경제난 당시, 그 여성의 지갑에는 200원(당시의 공정 환율로 100달러)밖에 없었다. 그런데 남편과 사별하고 그 후 재혼한 상대의 도움으로 평양에서 호텔을 경영하게 된 것이다. 이제는 큰 부자 중 한 사람으로 꼽힌다. 이런 이야기를 그녀의 대학시절 친구인 전업주부 C씨에게서 들은 것은 2010년에 북한에 갔을 때였다.

평양호텔 건너편에 높이 솟은 평양대극장 안에는 대규모 수용인원을 자랑하는 레스토랑이 있다. '대극장식당'. 조선 요리를 중심으로 메뉴도 풍부하고 노래방 기기가 갖추어진 개인용 방도 있다. 경영자는 일류대학을 졸업한 여성이다. C씨는 그 여성과도 아는 사이다. '외무성에서 일하는 것보다 가게를 여는 편이 돈이 된다.'라고 부러운 듯이 말하고 있었다. 평양외국어대학 출신인 C씨 주위에는 외무성에서 일하는 사람도 있지만 이렇다 할 정도의 급여는 기대할 수 없다.

그녀에 의하면 아침부터 식사를 배달시키는 부유층도 있는 것 같다. 그러고 보니 2011년 9월에 대동강 둔치에서 소풍을 즐기고 있을 때 '설거지 해드립니다.'라고 말하며 어떤 할머니가 다가와서 놀랐던 적이 있었다. 이것도 장사의 일종이다. 이런 장사도 될까?라고 생각했지만, 돈을 지불하고 설거지를 타인에게 맡길 정도로 여유 있는 부유층이 있다는 것일까.

일본어의 카네金(돈)는 북한 말로 '돈'이라고 말한다. 북한에서는 신흥 부유층을 가리켜 "돈주錢主"라고 부르는 것 같다. 한국과 일본의 연구자나 기자의 책 등에서 읽었다. '~같다.'라고 적은 것은 나 자신은 북한에서 돈주라는 단어를 실제로 들어 본 적이 없으며 그렇게 불리는 사람을 만난 적도 없기 때문이다. 한국의 경남대 극동문제연구소의 임을출 교수의 저서에 의하면 유통, 부동산, 금융, 임대, 고용시장의 성장을 견인하고 있는 것이 돈주다.(임을출 저,《김정은 시대의 북한경제》)

　나는 오히려 "장사꾼"이라고 불리는 사람들을 우연히 만난 적이 많았다. 돈주는 굳이 말하자면 돈놀이꾼, 신흥 부유층의 의미로 쓰인다. 해외동포이기 때문일까, 나는 그런 사람들을 만날 기회가 없었다. 그것은 차치하더라도 북한에서 신흥 부유층이 대두하고 있는 것은 분명하다. C씨의 말은 아니지만 국가공무원이 되는 것보다 가게라도 하는 편이 돈이 된다고 생각해 장사를 시작하는 사람도 있다.

　북한에서는 내 쪽에서 안내원에게 한턱내는 일은 있어도 대접받는 일은 좀처럼 없는데, 단 한 번 안내원에게 대접받은 적이 있다. 2011년 9월 말의 일이다. 듣자니 여동생이 평양에서 미용실을 경영하고 있다고 했다. 같은 해 북한에 갔을 때에 도움을 받았던 운전기사는 딸이 평양에서 토끼요리전문점을 경영하고 있었다. 소풍을 갔을 때 그 딸이 만들었다는 '토끼 전골요리'를 가져왔는데 음식이 꽤 맛있었다.

　물론 지방에서도 개인장사가 번성하였다. 2011년에 얘기를 들었던 M씨는 함경남도 함주의 시장에서 국수의 재료인 면을 팔아 생계를 꾸려가고 있었다. 당시의 이야기이지만, 하루에 2000원을 벌고 있었다. 국영사업소에서 일해도 월급은 1500원인데도 그 월급조차 받지 못할 때가 많다. 그런데 면을 팔아서 하루에 급여보다 많은 액수를 벌고 있는 것이다. 사람들이 국가가 정해준 직장에 다니지 않고 장사로 나서는 것도 납득이 간다. 지방에서는 자전거가 귀중한 "발"역할을 해주기 때문에 자전거 수리업도 번성하였다.

다만, 장사를 하는 데에는 자본금과 경영자금이 필요한 것은 당연한 일이다. 스스로 마련할 수 있으면 다행이지만 불가능한 사람은 돈주에게 빌린다. 물론 이자도 지불한다. 북한대학원대학의 양문수 교수의 연구에 의하면, 사람에 따라 차이는 있지만 월 이자 10~20%라고 한다. 10만 원을 빌리면 매월 1~2만 원을 이자로 지불한다(양문수 저,《북한경제의 시장화》). 돈주는 점점 이득이 생겨 부자가 되어 간다.

반대로 돈을 빌린 쪽은 어떨까. 장사가 잘되면 빌린 돈을 갚을 수 있지만, 실패하면 빚을 떠안는다. 결국 부가 일부의 돈주에게 집중되는 것이다. 그렇게 되면 빈부의 격차가 생기는 것은 당연한 흐름이다. 애당초 장사라는 것은 인연이 없는 사람이 다수를 차지한다.

북한에서는 특히 김정은 정권기에 들어서부터 2015년을 제외하고 경제는 플러스성장을 계속해왔다(2017년은 마이너스 성장으로 전환하였다). 평양의 중심부에는 고급 타워맨션이 숲을 이루게 되었고 오락시설과 호화로운 레스토랑도 연이어 개업하고 있다.

부동산 가격이 매년 오르고 있다는 이야기는 이미 2011년에 북한에 갔을 때 들은 적이 있다. 당시에 평양에서는 부동산 가격이 4년 전보다 10배로 껑충 뛰어 올라 있었다. 평양 중심가인 중구역이라면 5000달러의 집이 1만 2000달러에 팔린다는 것이었다. 이것이 지방도시인 함흥이라면 조금 싸다. 집을 구입하는 데는 2500~3000달러가 필요하다. '내년이 되면 더 오른다.'고 현지 사람들은 수근대고 있었다. 사회주의 체제인 북한에서 토지는 국유이지만, 아파트의 방이나 농가 한 채 건물의 권리를 매매하는 것은 묵인하고 있는 것 같다.

김정은 정권 발족 후, 평양 근교에 새로 만들어진 신도시에서는 일정 금액을 국가에 지불하면 주택을 새로 건설하거나, 재개발할 권리가 주어지고, 구매자는 개인적으로 자택을 소유하고 임대하는 것이 인정된다고 한국의 인터넷 뉴스 사이트인 '통일뉴스'가 2013년 4월 4일에 보도하였다. 이것이 사실이라면 북한 정부가 부동산 매매를 공식적으로 인정했다는 것이다. 이전부터 몰래 해오던 부동산 매매가 정부의 보증수표를 얻어 당당히 하게 되었다는 것이리라.

후술하는 것처럼 수십 만 원의 월급을 지불하는 기업도 늘고 있다. 시장가격에 알맞은 임금을 지불하지 못하는 기업은 자연도태 된다. 경영권이 주어진 기업은 우수한 인재를 잡아두려고 임금인상과 주택 · 식량 보장, 복리후생의 충실이라는 수단을 강구하고 있다. 신흥 부유층도 대두하고 있다. 북한의 경제는 이제 엄격한 사회주의 계획경제가 아니다.

일반시민에게 필요한 길거리 상점

'계란 삽니다.'라고 적힌 팻말을 계란 담은 상자 앞에 놓고 할머니는 무료하게 앉아 있었다. 2011년 9월에 함경남도 함주의 농촌지대에 갔을 때의 일이다. 할머니는 읍에서 제일가는 지역시장 가까이에 "가게"를 차려놓고 있었다. 가게라고 해도 건물이 있는 것이 아니다. 길가에 앉아서 상품을 펼쳐놓고 판다. "길거리 상점"이다. 할머니는 싼 가격으로 구입한 계란을 전매轉賣해 이익을 얻고 있는 것이다.

계란 한 알의 매입가격은 350원이었다. 당시 평양에서는 달걀이 한 알에 500원까지 값이 오를 기세였다. '500원이 되면 도저히 살 수 없게 됩니다.'라고 한탄하는 주부들의 아우성을 들었다. 평양에 비하면 지방 쪽이 물가가 싸다고 말할 수 있다.

지역시장 가까이에서는 많은 사람들이 길가에 앉아서 제각기 상품을 팔고 있었다. 흡사 "길거리 상점가"를 방불케 한다. 지역시장에서의 영업허가를 받을 수 없는 사람들이 근처에서 마음대로 장사를 하고 있는 것이다.

자기 집 앞에서 가방을 열고 담배와 사탕, 껌, 빵 등을 팔고 있는 광경도 실제로 보았다. 현지 사람에게 들어보니 시장까지 갈 수 없는 사람이 이용하는 것 같다. 지역시장이 집에서 먼 경우, 이런 "수단"을 이용한다. 가격은 시장보다 조금 비싸다. 유심히 살펴보면 한 집이 아니라 "가방상점"은 곳곳에 있었다.

북한에는 공식적인 '사기업'은 존재하지 않는다. 다만, 이렇게 개인으로 자질구레하게 장사를 하는 비공식적인 개인사업주는 존재한다. 앞에 나열한 것 이외에도 "버스나 전차표와 담배를 교환하는 행위, 가정에서 만든 국수나 초밥 등을 택배로 판매하는 행위 등도 있다고 현지에서 들었다. 평양의 공원에서 자전거 수리를 하고 있는 할아버지를 만났다." 이들도 일종의 '사기업'이라고 생각해도 좋을 것이다.

2011년 당시에 현지 사람에게 들은 바로는, 당국은 이러한 개인경영을 없애고 싶지만, 전혀 없어지지 않았다. 왜냐하면 일반시민에게 필요하다고 여겨지기 때문이다.

그렇다고 '사기업'이 경제 대부분을 차지한다는 이야기는 아직 들려오지 않는다. 다만 비공식적인 개인경영이 존재하는 것도 분명하다. 즉 개인경영과 같은 형태의 '사기업'이 지금부터 확대된다면 점차 북한에서도 시장경제화가 이루어질 것이다.

중국제품을 몰아내고 싶지만

가게 안을 돌면서 시장바구니에 상품을 넣고 마지막에 계산대에서 정산하는 모습은 일본의 슈퍼마켓에서는 당연한 모습이다. 그러나 북한에서 이 모습을 실제로 처음 보게 되었을 때는 신선한 놀라움이었다.

평양에 슈퍼마켓 '광복지구 상업중심'(북중 합작)이 오픈한 것은 2012년 1월이었다. 내가 방문한 것은 5개월 후인 2012년 6월 14일이다. 내부 촬영은 허가되지 않았지만, 가게 내부에는 손님이 제법 많았다. 상품 종류가 풍부한 것도 놀랐다. 국산 소주 등은 수십 종류가 있었다. 3층 건물인데 1층은 식료품과 일용품, 2층은 가구와 전자제품 그리고 의류가 놓여 있었다. 3층은 식당인데 이때는 한창 건설공사 중이었지만 현재는 영업 중이다.

일반적으로 북한의 상점에서는 사고 싶은 상품을 점원에게 알리면 대금이 기입된 표를 건네준다. 그 표를 정산창구에 가져가서 정산한 후, 지불완료 도장을 받고 반권(증표로 반을 찢어 주는 표ー 옮긴이)을 점원에게 가져가면 처음으로 상품을 건네받는 구조였다. 이것만으로 제법 수고와 시간 측면에서 비효율적이라는 생각이 들었다.

그런데 광복지구 상업중심의 1층에서는 상품을 넣은 시장바구니를 계산대에 가져가 거기에서 바코드를 찍어 정산 받고 직접 대금을 지불할 수가 있다. 틀림없는 슈퍼마켓이었다. 이날은 지방에서 행정담당자가 집단으로 견학하고 있었다. 아마 지방에도 보급시키라는 지시가 있었던 것 같다. 슈퍼마켓 내부를 안내받으면서 열심히 시스템 설명을 듣고 있었다.

이 슈퍼는 김정일 국방위원장이 생전에 마지막으로 현지지도를 한 장소라고 한다. 김정일 국방위원장은 2011년 12월 17일에 사망하였는데 여기를 방문한 날은 2일 전이었다. 나를 안내해 준 여성점원에 의하면,

선흥식료공장에서 생산된 아이스캔디(2011년 8월)

대동강과일종합가공공장에서 생산된 사과 쥬스(2011년 9월)

김정일 국방위원장이 방문했던 시간은 오전 9시 40분에서 10시 20분까지의 40분이 채 안 되었다. 그 시간에 1층에서 3층까지 둘러보았다. 국산품 종류를 늘리라는 것이 지상명령이었다고 한다. 두루마리 화장지의 진열선반에 국산품이 진열되어 있는 것을 김정일 국방위원장은 만족한 것 같다고 점원은 당시를 회상하면서 눈시울을 적시었다.

그런데 내가 방문했을 때에는 중국 상품만 진열되어 있었다. 다만 국산품을 진열하려는 노력을 하고 있던 것은 사실이었다. 빵과 과자류는 거의 모두 국산품이었다. 선흥, 은하수 등 국영 식료공장에서 생산한 것

만경대제2식료공장 빵 생산 직장(2008년 8월)

으로 은하수식료공장에서 생산한 비스킷 등이 선반에 진열되어 있었다. 북한 사람들은 국산을 좋아하는 것처럼 보인다. 은하수식료공장 제품의 비스킷은 진열되면 순식간에 매진되었다. 식용유와 간장, 소주 등의 선반에도 국산품이 진열되어 있었다.

2층에서는 국산 의류와 가방, 운동복 등도 판매하고 있다. 내가 방문했던 때에는 '대성'이라는 한글 상품꼬리표가 붙어있는 운동복이 상하 한 벌에 2만 1300원이었다. 임금으로 3000원을 받고 있는 사람이라면 급료 7개월분이다. 그런데도 시장가격보다 싸다.

이 무렵, 통일거리 시장에서는 봄가을용 점퍼와 바지 상하 한 벌이 10만 원이었다. 다소 상품의 질과 종류가 같지 않다고 해도, 같은 물건을

만경대제2식료공장 안에 있는 빵 생산 직장. 아이들에게 공급 된다는 설명이었다(2008년 8월)

약 5분의 1 가격에 살 수 있다. 시민은 슈퍼마켓에서 구입하려고 할 것이다. 다만 문제는 상품의 재고량이다. 수요를 충족할 만큼 상품의 재고량이 갖추어지면 좋겠지만 재고가 바닥이 나면 마지막으로 갈 곳은 지역시장밖에 없다. 그러나 이 슈퍼마켓은 상품의 재고량도 풍부하다. 시장가격보다 싸고 상품의 재고량도 많아서인지 물건을 사로오는 사람들이 많았다. 여기에서 싸게 구입해 시장에서 조금 비싸게 팔지도 모른다.

이 슈퍼마켓은 북한의 '조선대성무역총상사'와 중국기업 '비해몽신무역유한공사'와의 합작이다. 전신은 1991년에 창업했던 광복백화점이다. 한국의 신문《동아일보》전자판이 2012년 1월 27일에 보도한 기사에 의하면, 중국 측 65%, 북한이 35%의 백화점 지분을 가지고 있다고 한다.

'개업 초기에는 60%가 중국제품이고 국산품은 40%에 머물러 있었는데

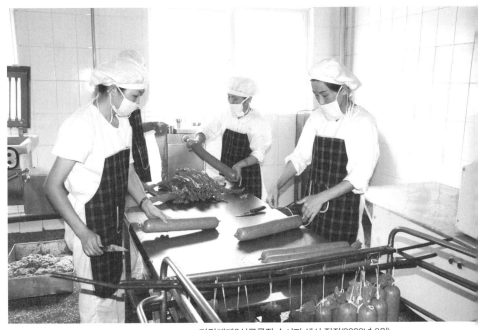
만경대제2식료공장 소시지 생산 직장(2008년 8월)

그 비율은 역전했습니다. 지금은 우리나라 제품이 60%를 차지하고 있습니다.'라고 점원은 자신있게 말했다. 그 후에도 국산품의 비율을 늘리려는 노력은 계속되는 것 같다. 2015년 4월에 이 슈퍼마켓을 방문한 북한 경제 전문가인 문호일 씨는 1층 식료품매장과 2층 의류매장에서 대부분 국산품이 차지하고 있는 상황을 보도하였다(《계간 조선경제자료》2015년 2호).

북한이 국산품을 고집하는 이유는 무엇일까. 그것은 중국제품을 가능한 한 배척하고 싶기 때문이다. 북한 사람들은 중국제품이 시장과 상점을 점거하는 것을 결코 좋게 생각하지 않는다. '이제 맥주는 국산품이 주류다. 우리들은 맥주시장에서부터 중국제품을 축출하는 데 성공했다.' 2011년 당시, 평양시민이 하던 말이 생각난다. 물론 그렇게는 말해도 중국제품이 대량으로 나돌고 있는 것도 현실이다. 그렇지만 북한 사람은

'언젠가는 국산품으로 시장을 채워 보일 것이다.'라는 "의지"를 갖고 있는지도 모른다.

현장에 경영권을 넘기다

'북한에서 임금이 대폭 인상된 것 같다.'

'임금이 오른 만큼 노동자들은 일할 의욕도 생겼다고 한다.'

2013년 무렵부터 그런 이야기가 북한을 다녀 온 사람들 사이에서 들을 수 있었다. 예를 들면 평양 326전선공장*에서는 '2012년 8월부터 단계적으로 인상되어 2013년 5월에는 전년대비 20~30배가 되었다.'라고 《조선신보》(조선어판·전자판, 2013년 5월 1일자)가 보도하였다.

이전부터 이 공장은 기술수준 향상에 따라서 임금을 올려주는 시스템을 도입하여, 이제는 한층 더 임금인상을 목표로 종업원들의 기술 향상에 집중하게 되었다. 또 다른 평양에 있는 금컵체육인종합식료공장金cup 體育人綜合食料工場**에서는 2016년의 임금이 '45만~60만 원'(《주간 동양경제》 2016년 11월 5일호)이다. 일반적인 임금 3000원의 150~200배다.

이와 같이 다른 곳보다 임금이 현저하게 높은 공장이 있으면 그곳에 취직을 원하는 사람이 많아지는 것이 일반적이다. 또한 공장에서도 더 높은 생산 목표를 달성하기위해 인재를 영입, 확보할 필요가 생긴다. 전술한 문호일 씨에 의하면 금컵체육인종합식료공장에서는 취업을 원하는 사람에게 10일간 실습을 하게 하고, 그 실습기간의 성적에 따라 채용 여부를 결정한다고 한다. 이 공장의 지배인과 기사장技師長(책임 엔지니어)

---

* 평양특별시 평천구역에 있는 전기통신기재공장이다. 1962년 9월에 완공되어 1963년 8월부터 40여 종의 각종 전선을 생산하기 시작하였다. 1968년 3월 김일성의 현지지도를 계기로 '3월 26일 공장'으로도 불리고 있다.

** 북한 평양직할시 만경대구역에 있는 식료품가공 공장.

은 사장이 직접 헤드헌팅한 인재다(《계간조선경제자료》 2015년 2호). 지금까지 개인이 일할 곳을 '배치'라는 형태로 국가가 결정하고 있었던 북한에서는 생각할 수 없었던 일이었다.

이것들은 모두 '사회주의 기업책임관리제'가 도입된 이후에 나타난 현상이라고 말한다. 사회주의 기업책임관리제라는 것은 문자 그대로 개개의 기업이 책임을 가지고 자신의 직장을 관리하는 제도다. 이 제도에 따라 기업에는 기획권과 무역권, 인재관리권, 가격제정권, 판매권 등 합 12항목의 권한이 부여되었다.

이 제도는 김정은 정권 발족 당초인 2012년부터 일부 기업과 공장에서 실험적으로 도입하였다. 그 과정에서 성과가 있는 것을 실감한 정부는 이 제도를 전국에 도입하기로 결정하였다. 단, 이때에는 아직 제도의 명칭은 확정하지 않았다.

사회주의 기업책임관리제의 명칭이 공식문헌에 등장한 것은 조선노동당 중앙위원회 이론기관지《근로자》 2014년 9월호에 기고한 리영민(국가정보통신국 부장)의 논문[*]이 최초였다.

논문은 같은 해 5월에 김정은 제1비서(당시)가 새로운 경제정책을 밝힌 '5·30문건(5월 로작)'을 해설한 것으로, 기업체가 경영권을 행사하는 것과 기업 실정에 따른 경영전략·기업전략을 세울 것을 지적하고 있다. 그 외, 생산 단위의 계약체결, 수익 사용, 수출업무 등을 공장이나 기업소 독자의 판단에 맡기는 등 기업의 권한은 대폭 확대되었다.

2016년 5월에는 36년 만에 개최된 제7회 당대회의 사업총괄보고에서 김정은 당위원장은 처음으로 스스로 사회주의 기업책임관리제에 관해

• 리영민의 논문 〈우리식 경제관리방법을 확립하는 것은 경제강국건설의 중요한 요구〉.

김일성종합대학에서 진행된 대학 창립 65주년 국제학술토론회(2011년 9월)

분명히 말했다. 당대회는 북한의 정권당인 조선노동당의 최고의사결정 기관이다. 그러한 현장에서 당 위원장이 스스로 언급한 것은 이 제도가 정권의 중요 정책이라고 인식하고 있다는 사실을 선언한 셈이다.

북한 당국은 부정하고 있지만, 나는 이 제도가 '경제개혁정책'이라고 해석할 수 있다고 생각하고 있다. 경영의 근간에 관련된 모든 권한이 기업 측에 주어진 것은 의미가 크다. 지금까지는 이러한 권한을 국가가 독점하는 것으로 계획 경제가 유지되어 왔지만, 그것을 기업에게 맡긴다는 것은 통제 경제의 근간이 붕괴되고 있음을 의미한다.

북한 정부가 사회주의 기업책임관리체제를 도입한 목적은 회사 자체적으로 생산의욕을 북돋아주기 위해서다. 이미 국가가 전면적으로 돌봐줄 수 없기 때문이다. 말하자면 독립채산제다. 다양한 권한을 기업과 공장에게 맡기는 것으로, 기업이 주체적으로 경영활동을 하도록 독려하고 그것에 의해 생산을 향상시키려는 것이다. [도표 2-1]은 2011~16년 북

[도표 2-1] 북한의 명목국내총생산(GDP)

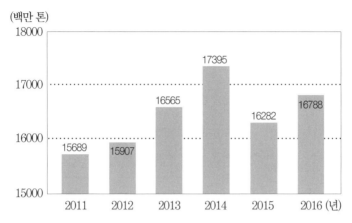

(백만 톤)

출전: 유엔 통계에서 저자 작성

한의 명목GDP를 나타낸 것이다. 사회주의 기업책임관리제와의 인과관계는 불명확하지만 김정은 정권 탄생 후, 2014년까지 GDP가 계속 상승하고 있었던 것은 분명하였다. 2015년은 하락했지만 2016년은 전년도 대비 3.1%증가하였다. 다만 2017년에는 전년에 비해 3.5% 감소하였다.

김정은은 개혁파?

'김정은 대장이 새 경제관리체제를 연구하라고 명령하시었다.'

그런 이야기를 평양에서 들었던 것은 2012년 6월의 일이었다. 자본주의 여러 나라와 행동을 같이 하려면 시장경제의 좋은 점은 받아들이도록 하라는 지시를 했다는 말도 들었다. 2011년 12월 17일에 아버지 김정일 국방위원장이 갑자기 사망하자, 이미 후계자로 확정되어 있던 김정은 대장은 같은 해 12월 30일에 조선인민군 최고사령관에 취임했다. 이것이 김정은 체제의 시작이었다.

해가 바뀐 2012년 1월 17일, 최고인민회의(국회) 상임위원회의 양형

섭 부위원장은 AP통신 평양지국과의 인터뷰에서 '새로운 지도자는 중국을 포함한 외국의 경제개혁economic reforms을 지켜보고 있다.'라고 발언하였다. 젊은 지도자는 경제개혁 · 개방정책을 추진하지 않을까 기대되었다.

실제, 김정은 최고사령관(당시)이 맨 처음 착수한 것은 경제문제였다. 그는 2012년 4월 6일, 조선노동당 간부에 대한 담화에서 인민생활을 향상시켜 경제를 재정비하는 것을 가장 중요한 과제로 내걸었다. 이 담화 직후에 김정은 최고사령관은 조선노동당 제1비서(4월 11일), 국방위원회* 제1위원장(4월 13일)에 취임하였다(현재는 조선노동당위원장, 국무위원장). 이미 취임해 있던 최고사령관직과 합쳐 당 · 국가 · 군의 최고자리를 차지함

조선인민군 제105전차사단을 시찰하는 김정은 최고사령관
(2012년 1월 1일)

---

* 1972년에 설립된 북한 최고 군사기관이자 국가최고기관으로 2016년 6월에 폐지되고 국무위원회가 신설되었다.

으로써 명실공히 국가 최고지도자의 지위에 올랐다. 그 직전의 담화에서 경제 재정비를 가장 중요한 과제로 내걸었다는 것은 김정은 정권이 앞으로 경제정책에 중점을 둘 것을 시사하는 것이었다.

이듬해 2013년 3월에 개최된 조선노동당 중앙위원회 3월 전원회의에서는 핵개발과 경제건설을 동시에 추진하는 '신병진노선'을 발표(2018년 4월에 승리(완료)를 선언)하였는데, 이 노선의 취지는 국방건설보다 경제건설에 힘을 더 쏟겠다는 것이다. 김정은 제1비서(당시)는 또 다른 중요한 방침을 하나 더 발표하였다. 그 방침은 먼저 서술했던 기업에 경영권을 부여한다는 것이었다.

진행되는 농업개혁

2008년 8월 9일에 황해북도 미곡협동농장을 방문했을 때의 일이다. 낯선 게시판을 목격하고 무심결에 셔터를 눌렀다. '노력일勞力日(勞働工數) 공시'라고 적힌 게시판에는 협동농장 농장원(농민)의 이름 옆에 무엇인가 촘촘히 숫자가 기록되어 있었다. 숫자는 가동일 수와 노력일이고, 10일마다 각 농장의 게시판에 공시되는 것이기 때문에 '10일 공시'라고도 부른다.

노력일은 일의 성과를 점수로 표시한 것이다. 수확이 끝났을 때의 분배량은 가동일 수와 노력일에 의해 정해지기 때문에 사실은 농민들에게는 매우 중요한 숫자다. 노력일을 정하는 평가기준은 작업에 따라 위험도나 숙련필요성에 따른 가중치, 주관적 평가에 의한 일에 대한 성실도다.

북한의 협동농장 안에는 몇 개의 작업반이, 또 작업반 안에는 몇 개의 분조가 있다. 1960년부터는 국가가 정한 생산목표량을 초과달성한 만큼

농장원의 일을 관리하는 표(상)와 미곡협동농장의 모습(하)

을 작업반에게 나누어주는 '작업반 우대제'라는 제도가 설정되었다. 북한 정부로서는 농장원의 노동의욕을 높이는 것이므로 생산력 향상으로 연결될 것이라고 생각했지만 생각처럼 되지 않았다. 그 때문에 1966년부터는 일정한 넓이의 토지를 분조단위로 담당하는 '분조관리제'를 도입하였다.

1분조 당 인원은 초기에는 10~25명으로 구성되었다. 1996년 10월에는 한 때 7~8명으로 구성하는 조치가 강구되었다가 다시 10~25명으로 되돌아갔다. 내가 촬영한 '노력일 공시'의 사진을 보면 2008년 당시, 한 개 분조의 인원은 21~23명이었던 것을 알 수 있다. 그런데 《주간 동양경제》 2015년 11월 14일호에 게재된 후쿠다 게이스케福田惠介 기자의 촬영사진을 보면 한 개 분조 인원은 8명으로 13~15명이 줄었다. 이렇듯 최근에는 분조도 소인원제가 되어 있었다.

협동농장에서는 국가가 제시한 생산계획분의 생산량을 상납하고 토지 사용료(평균 생산고의 15%)와 국가로부터 빌린 영농물자, 비료 대금, 관계 시설 사용료에 상당하는 양만큼을 현물로 납부해야 했다.

다시, 이듬해 이후의 농업용 종자 등 공동축척분은 작업반 · 분조가 관리한다. 중요한 분배는 분조를 통해서 실시한다. 협동농장이 생겼을 무렵에는 모두 현물분배였지만 1971년부터는 연간 필요 식량 260킬로그램만을 현물로 분배하고 나머지는 현금으로 지급되었다. 그것이 2012년부터는 다시 전량 현물지급으로 돌아왔다. 더군다나 분배된 현물의 처분권은 농민 각자에게 주어졌다.

분조가 소인원이 되면, 하나의 농지를 가족과 친척이 관리하게 된다. 수확이 늘면 분조의 분배량도 늘어난다. 분조가 가족단위라면 그 몫은 온통 가족이 서로 나눌 수 있다. 그렇게 되면 성과급도 높아진다. 집단이라면 농땡이 부리는 사람도 나오지만 가족끼리 서로 나눌 수 있게 되면 모두 필사적으로 일한다. 이것은 대부분 사회주의 혁명전의 개인농(자작농)이다.

같은 무렵, '포전담당책임제'*(포전담당제라고도 한다)도 일부 농장에서 시

---

* 일한 만큼 더 분배해주는 제도로 2012년 협동농장의 농지를 분조별로 나눠 경작하며 3~4명의 농민이 특정한 포전을 고정적으로 담당하며 관리한다.

험적으로 채택되었다. 이 제도는 분조를 더욱 더 세분화해서 개인 또는
2~3명이 일정한 토지를 담당하는 것으로 사회주의 기업책임관리체제
의 '협동농장판'이다.

인원수가 나타내고 있듯이 일정한 토지를 개인 또는 가족이 담당하게
된 것이 특징이다. 그 만큼 '자신의 토지'라는 인식이 싹터, 농민 개개인
의 농작업에 대한 대응도 변해 갈 것이라고 예상되었다. 농민의 성과급
향상으로 연결될 것이라고 여겨져 곡물생산량이 올라갈 것도 기대할 수
있었다.

사실은 김정일 정권기에도 일부 농장에서 포전담당제가 실험적으로
도입됐지만 개혁 후퇴와 현장 간부들의 소극성으로 인해 전국적으로 확
대되지는 않았다. 그러나 김정은 정권기에서는 적극적으로 도입되어
2013년부터는 전국으로 확대하였다. 2014년 2월 6일에는 농업분조장
대회에게 보낸 편지에서 김정은 제1비서(당시) 스스로 이 제도를 언급하
고 "보증수표"를 주었다.

[도표 2-2] 북한의 곡물생산량(2010~16년)

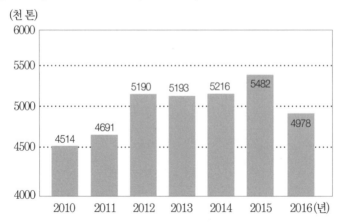

출전: 유엔 식량농업기관[FAO] 통계에서 저자 작성

그러면 포전책임제 하에서, 실제로 곡물의 생산량은 증가했을까. [도표 2-2]는 2010년부터 2016년까지의 북한에서 곡물생산량을 나타낸 것이다. 분명히 김정은 정권에 들어서면서부터 생산량이 증가한 것을 알 수 있다. 특히, 제도가 도입된 2012년은 전년도인 2011년과 비교하면 대폭 증가했다. 2011년은 469만 1413톤이었지만, 2012년은 519만 105톤이므로 2012년의 생산량은 전년도 대비 약 50만 톤 증가다.

물론 이 결과만을 가지고 포전담당제의 효과가 나타나고 있다고 생각하는 것은 조급하다. 조선사회과학원 경제연구소 농업경영실의 김광남 실장은 알곡(곡물)의 우량품종의 경작면적을 넓힌 것 등이 곡물증산의 요인이라고 서술하고 있고 포전담당책임제 도입과의 관계에 관해서는 다루지 않았다(《동양경제온라인》 2014년 11월 6일).

2013년은 전년대비 약 3000톤 증가에 그치고, 2014년도 전년도 대비 약 2만 3000톤 정도 증가, 증가율은 높지 않기 때문이다. 그렇다고 하더라도 1996년에는 261만 톤의 최저치를 기록한 이후, 하강과 상승을 반복해 온 곡물의 생산량은 2012년 이래, 500만 톤대를 유지하고 있다 (2016년에는 500만 톤을 조금 못 미쳤다).

이러한 곡물생산량이 안정되었음에도 불구하고, 쌀 시장가격은 2012년 7월에 5000원대를 돌파한 이후 4000~6000원대를 추이推移하고 있다. 포전담당책임제 시행 후, 농민의 곡물처분권은 대폭 완화되었다. 정부는 시장가격에 근접한 형태로 농민으로부터 수매하려는 것 같지만 이미 시장에 나돌고 있을 가능성이 높다. 황해남도의 협동농장에서는 한 사람당 2톤 조금 넘게 분배를 받은 농민도 있었다. 생산량이 많았던 농장에서는 휴대전화와 가전제품을 구입한 가정도 있었다고 한다(《조선신보》 조선어판·전자판, 2013년 4월 11일자).

포전담당책임제는 정권측의 정책 의도와는 반대로, 쌀 시장가격을 끌어올린 결과를 초래하고 있을지도 모른다.

사회주의 농업정책의 붕괴

'(포전담당책임제는) 중국과 같은 도급제가 아니다.'

조선사회과학원 농업경영실의 김광남 실장은 북한을 방문했던《주간동양경제》의 후쿠다 기자에게 이렇게 강조하고 '미국과 중국 등에서 말하는 "개인농업"과는 전혀 다르다.'라고도 말했다(《동양경제온라인》 2014년 11월 6일).

북한 학자는 이렇게 부정하지만, 실태로 보아 포전담당책임제는 중국의 농지경영도급제와 거의 같은 구조라고 말해도 좋다. 농지경영도급제는 대표적인 중국의 경제개혁정책이다. 이 제도 하에서는 집단이 소유한 농지를 각 농가가 분할해 개별로 맡는다. 개개의 농가는 국가와의 계약에 기초해 일정량의 생산물을 상납하고 집단 소유분을 제외한 잔여분은 전부 농가가 자유로이 처분해도 상관없다. 자유시장에 팔아도 괜찮다. 한없이 개인농에 가까워졌다고 할 수 있다.

이 도급제는 1978년 11월, 안후이성 평양현 샤오강촌安徽省 鳳陽縣 小崗村°의 농민 18명이 시작한 것이다. 샤오강촌에서는 농작을 시작한 이래 도급제는 성공하였다. 이것을 계기로 1980년부터 급속히 보급되어 갔다. 이 제도의 도입은 농민의 생산의욕을 끌어내는 데 성공해 농산물 수

• 1978년 11월 24일 농민 18명이 '가족단위 농업생산책임제'를 도입하기로 결의했다. 농가별로 토지를 서로 나누어 책임지고 경작하는 다바오간을 실행하기로 하고 각 가구가 일정 농지를 분할해 생산하고, 국가 납부량을 제외한 식량은 각자 처분하기로 하였다. 사실상 자본주의 개념을 도입한 것으로 굶주림에 허덕이던 농민들이 자기 땅에서 농사를 짓기로 하면서 새로운 시대가 열렸다.

매가격을 끌어올린 일로, 농업생산의 비약적인 증대와 농가소득의 급상
승을 초래했다고 한다(加藤弘之 저,《중국의 경제발전과 시장화》).

또 중국 사회주의의 상징으로서 1958년부터 계속되어 온 인민공사人
民公社*는 1982년의 헌법 개정으로 해체가 결정되고, 이듬해 1983년에
는 중국 전 국토에서 해체되었다. 이것에 의해 중국 사회주의 농업정책
은 붕괴되었다.

[표 2-1] 농지경영도급제와 포전담당책임제와의 비교

	농지경영도급제	포전담당책임제
농지	각 농가가 분할해서 개별에게 청부	개인, 2~3인이 일정한 범위 담당
상납	계약에 기초한 생산물	토지이용료, 관계사용료, 비료대금 등
공동축적	집단에 대한 유보 있음	이듬해 이후의 농업용 종자 등
처분권	각 농민 자유시장에 판매도 허용	각 농민 수매량정성(收買糧政省)**으로 판매장려

출전 : 저자 작성

[표 2-1]은 중국의 농지경영도급제와 북한의 포전담당책임제를 비교
한 것이다. 계약 형태나 방식에 차이는 있지만 거의 같은 구조라고 말할
수 있다.

그런데도 북한의 경제연구자가 '도급제도는 아니다.'라고 강력하게 주
장하는 배경은 무엇일까. 중국에서는 경영도급제 도입 후, 비교적 많은
재산을 소유하게 된 농민이 그 재산을 자본으로 경영하는 향진기업鄕鎭

• 1958년 설립된 중국 농촌의 사회생활 및 행정조직의 기초단위이다.

•• 추곡 수매와 농수산물 생산 조정, 분배 관련 사무를 관장하는 중앙행정기관이다. 농업
성 수매량정국을 수매량정성으로 승격 개편하였다.

企業*이 급성장해 그 후의 개혁·개방을 견인하였다. 북한에서도 협동농장의 말단 단위인 분조와 거기에 속하는 농장원에 대한 생산물 처분권이 확대된 것에 의해 재산을 늘리는 농장원도 나타나고 있다.

지금 단계에서는 그들이 축적한 재산을 자본으로 중국과 같은 사기업 경영에 나서는 것은 아니지만, 지역시장에서 생산물을 판매하는 상행위가 확인되고 있어 이러한 상행위가 기업경영으로 발전할 가능성도 있다. 그렇게 되면 사회주의 농업정책은 붕괴한다. 북한 당국은 그것을 두려워하고 있을지 모른다.

경제협력의 파트너는 한국에서 중국으로

2009년은 북한이 경제협력의 파트너를 한국에서 중국으로 바꾼 전환점이 된 해다.

이명박 정권 발족 직후인 2008년 7월에 금강산에서 일어난 한국인 관광객 사살사건을 계기로 남북의 경제협력관계는 서서히 악화되어 갔지만 반대로 중국과의 경제협력관계는 진전되어 갔다.

북중 국교수립(1949년 10월 6일) 60주년을 앞두고, 고위급 관료의 상호 방문이 이어지고, 10월에는 원자바오溫家寶** 수상이 북한을 방문해 김정일 국방위원장과 회담하였다. 그 때 김정일 국방위원장은 한반도의 비핵화를 교섭하는 6자회담 복귀를 시사하고, 북한과 중국은 경제기술 협력에 관한 협정, 경제원조에 관한 교환문서 등의 경제 분야 합의서도

• 농민들이 지역에 세운 민간 기업으로 도시로 진출하지 않고도 도시민 못지 않은 수입을 올릴 수 있어 농촌경제에 활력을 불어넣고 있다.
•• 중국의 정치인(1942~). 중앙판공청 주임과 중앙위원 겸 중앙서기처 후보 서기를 거쳐, 후진타오(胡錦濤)·우방궈(吳邦國)에 이어 당서열 3위인 국무원 총리로 임명되었다.

교환하였다.

2009년 말~2010년 초에는 북한에서 경제특구의 재활성화를 위한 움직임이 잇따라 전해졌다. 2009년 12월 16일에 조선중앙통신이 김정일 국방위원장의 나선시 방문을 알리고 같은 날 23일에는 정부직속기관인 합영투자지도국(2010년 7월 8일에 위원회로 승격, 2014년 6월 18일부로 대외경제성으로 흡수)*을 설립하고 2010년 1월 4일에는 나선시를 '특별시'로 인정하였다.

2000년대 초부터 동북지역의 개발계획을 추진하고 있었던 중국 정부에게는 나선지역을 북한과 공동으로 개발하는 이점이 있었다. 후진타오胡錦濤**정권이 탄생한 2002년에 열린 중국공산당 제16차 전국대표대회에서는 동북지방의 노후화한 공업기지를 개변改變·발전시키는 방침이 결정되었다.

이것에 기초해 2003년 10월의 중국공산당 제16기 중앙위원회 3차 전체회의[三中全会]에서는 '동북진흥' 정책이 발표되고 2009년 8월에는 창춘長春—지린吉林—투먼圖們을 잇는 3개 지역(각각의 머리글자를 따서 '창지투(長吉圖)'라고 호칭)의 개발계획이 국가전략으로서 정식으로 승인되었다. 내륙에 해당하는 창지투에서 동해로 나올 수 있는 루트를 확보할 수 있는가가 계획의 성패를 쥐고 있었기 때문에, 계획 추진에는 나선지대의 개발이 불가결했다. 중국의 경우에 특히 중요했던 것은 나진항과 청진

• 북한은 외국인 투자를 유치하기 위해 1984년 합영법을 제정했고 1991년에는 나진·선봉 지대를 경제특구로 지정했으며 1992년 합작법과 외국인투자법을 제정했다. 2009년에는 정부 직속 기관 합영투자지도국을 신설하고 이듬해 이를 합영투자위원회로 격상시켰다.

•• 중국의 정치가(1942~). 공산주의청년단 서기에서 1992년에는 중앙당 정치국 상무위원으로 최정상부 권력에 올랐다. 국가부주석, 중앙위원회 총서기, 국가주석, 중앙군사위원회 주석을 역임했다.

항 사용권을 북한으로부터 확보하는 것이었다. 실제, 2010년 초에는 지린성 훈춘琿春*의 석탄을 나진항 경유로 상하이上海로 보내는 시험운항이 실시되었다.

북한 정부는 중국 정부의 '동북진흥' 정책에 연동하는 형태로 경제특구의 공동개발을 꾀했다. 그 때문에 김정일 국방위원장은 2010년에 2차례(5월과 8월), 중국을 비공식 방문하였다. 2008년 여름에 쓰러진 후, 건강이 좋지 않았던 김정일 국방위원장이 병을 무릅쓰고 빡빡한 일정을 소화한 것은 경제특구를 공동으로 개발하는 합의를 중국 정부로부터 직접 얻어낼 필요가 있었기 때문이다.

2011년 8월에 평양 시내에서 내의 인터뷰에 응했던 홍광남 합영투자위원회 부국장(당시)은 중국과의 경제특구공동개발·관리합의가 '김정일 국방위원장의 방중에 의해 초래되었다.'라고 말했다. 이 일에서도 김정일 국방위원장이 이 사업에 특별한 기대를 걸고 있었던 것을 엿볼 수 있다.

나선경제무역지대와 황금평·위화도경제지대의 두 개의 경제특구를 북중공동개발·관리할 것을 합의했던 것은 2010년 12월이었다(11년 3월에 정식계약). 김정일 국방위원장은 2011년 5월에 다시 중국을 방문했다. 당초 정부 차원에서의 투자는 없을 거라던 중국이 입장을 바꾼 이유는 김 국방위원장의 중국 방문이 있었기 때문이라는 지적도 있다(《연합뉴스》 2012년 2월 15일).

경제특구의 공동개발·관리프로젝트는 김정은 정권에서도 계속 이어졌다. 2012년 8월에는 장성택 조선노동당 부장을 단장으로 하는 대표단이 중국을 방문했다. 나선경제무역지대 관리위원회가 설립되고 이 지역

• 중국 지린성(吉林省) 동부의 도시. 투먼(圖們) 동쪽, 훈춘허(琿春河) 중류 변에 위치. 북한·러시아와 접한 교통·무역의 요충지이다.

의 항구·산업구 투자에 관한 기본합의서도 조인되었다. 장성택은 후진타오 주석과 원자바오 수상 등 중국의 요인과도 회견하여, 중국 수뇌부로부터 프로젝트를 돕는 보증수표를 얻었다.

대표단이 방중한 직후에 나선 현지를 방문했던 조선신보의 이태호 기자는 중국 취안허圈河에서 나진 원정리까지 도로*가 개통, 러시아의 하산 Khasan—나진항** 사이에 2012년 10월부터 철도 개통, 은행과 쇼핑몰, 슈퍼마켓도 건설 중인 것을 보도하였다. 이태호 기자는 인구 20만 명인 나선시에서 휴대전화 가입자 수가 1만 8000명을 넘은 것과 시민들이 '평양보다 생활수준은 높다.'라고 말한 사례 등을 전하였다(《조선신보》 조선어판·전자판, 2012년 8월 30일자). 이런 보도가 계속되는 한 나선경제특구의 개발은 순조롭게 진행되고 있는 것 같았다.

동쪽 끝의 경제특구인 나선지대에서는 나선관광과 나선—금강산 선상투어 개시(2012년 6월), 나진—원정 도로개통(2012년 10월), 나진—러시아 하산의 철도개통(2012년 10월), 나아가 나선국제상품전시회 개최(2011년 8월과 12년 8월) 등의 움직임이 전해졌다. 그러나 서쪽 끝의 황금평·위화도 쪽은 신압록강 대교의 착공 외에 다른 움직임은 전해지지 않았다. 2012년 8월에는 위화도의 미개발이 명백히 밝혀졌다.

2013년 12월 12일, 세계를 뒤흔든 뉴스가 평양에서 날라 왔다. 김정은 제1비서의 고모부로 국방위원회 부위원장, 조선노동당 부장 등을 역임한 장성택이 국가전복죄로 사형판결을 받고 당일 처형된 것이다.

장성택은 나선 등 경제특구의 북중공동개발·관리의 실질적인 책임

• 북한 원정리—나진을 잇는 53km의 도로 현대화 사업을 완료했다.

•• 러시아 극동의 국경지역인 하산과 북한 나진항을 잇는 54km 구간의 철로 개, 보수와 나진항 현대화사업, 복합물류사업 등을 전개하고 있다.

자였던 것은 앞에 서술한 바와 같다. 재판에서 낭독된 판결문에서 장성택의 죄상은 석탄 등의 지하자원을 외국에 팔아넘긴 점, 심복에게 빌린 돈을 갚기 위해 2013년 5월에 나선경제무역지대의 토지를 50년 기한으로 외국에 팔아넘긴 점도 포함되어 있었다. '지하자원과 토지를 팔아넘겼다.'는 대상이 중국을 가리키고 있다는 것은 분명했다. 이런 죄상이 포함된 것으로, 경제특구의 중국과의 공동개발·관리는 당분간 진전이 되지 않을 것이 예상됐다.

그 후, 북중 관계는 오랫동안 경직되었는데, 2018년 3월 25~28일에 김정은 조선노동당 위원장이 시진핑習近平 중국 국가주석의 초청으로 중국을 전격 방문하였다. 그 후도 김정은 위원장은 5월 7~8일에 다롄大連, 6월 19~20일에 베이징北京을 방문해 시진핑 주석과 회담하는 등, 북중 관계는 개선되기 시작하였다. 김정은 위원장이 시진핑 주석에게 경제협력을 요청했다고 보도되었으며 경제특구의 공동개발·관리의 재개도 언젠가 상정될 날이 올 것이다.

경제특구는 24개소나 있지만…

그다지 알려져 있지는 않지만, 현재 북한에는 경제특구가 24개소*나 있다. 게다가 평양을 포함한 도道 전체에 설치되어 있다([그림 2-3] 참조). 김정은 제1비서(당시)의 지시에 의한 것으로 종래의 4개소(나선경제무역지대, 황금평·위화도경제지대, 개성공업지구, 금강산국제관광특구) 이외에 '경제개발구'라고 일컬어지는 지방급 특구가 새롭게 설치되고, 신의주 일부 지역도 경제특구(중앙급)로 지정되었다. 중앙급 특구는 5개소, 지방급의 특

• '아사히신문' 2019년 5월 29일자에 따르면 현재 27개소로 정비된 것으로 알려졌다.

구는 19개소나 된다.

경제개발구라는 것은 국가의 특별법인 '경제개발구법'에 따라 경제활동에 특혜가 보장된 특수경제지대. 공업개발구, 농업개발구, 관광개발구, 수출가공구, 첨단기술개발구 등이 포함된다.

경제개발구에서 특히 장려되는 투자 부문은 인프라 건설, 첨단과학기술, 국제시장에서 경쟁력이 높은 상품을 생산하는 부문 등이다.

경제개발구에서는 북한의 노동력을 우선적으로 채용해야만 하고 종업원의 최저임금은 북한 중앙특수경제지도기관이 정한다. 기업 간 거래되는 상품가격, 서비스 가격, 경제개발구 내의 기업과 개발구 외의 북한의 기관, 기업소, 단체 간에 거래되는 상품가격은 국제시장가격에 따라 당사자가 협의해서 정한다. 이것은 국제시장가격을 제대로 고려해 가격을 제정할 것을 보장한 것이다.

게다가 경제개발구 내에서는 북한 화폐뿐만 아니라 외화유통도 인정된다. 국가경제개발위원회와 민간단체의 조선경제개발협회도 발족했다. 2014년 6월에는 무역성과 합영투자위원회, 국가경제개발위원회의 3개 기관이 통합하고, 무역과 합영, 합작, 외국투자 유치, 경제특구의 개발사업 등 대외경제 전반을 독점으로 맡는 대외경제성이 탄생하였다. 부동산 규정과 보험규정 등의 후계조치도 취하고 있는 것에서 북한이 경제개발구를 새로운 투자의 계기로써 중시하고 있었다는 것은 명백하였다.

김정은 정권 하에서는 관광업도 중시되고 있다. 남북경제협력의 상징으로서 1998년부터 계속 되어온 금강산관광사업은 2008년 7월에 발생한 한국인 관광객 사살사건을 계기로 전면중단되었다. 2009년 8월에는 금강산관광사업을 독점하고 있던 현대그룹의 현정은 회장과 김정일 국방위원장이 회담하고 관광을 재개하기로 합의했지만, 그 후에도 중단상태는 지속되었다. 2003년 2월에는 남북당국자가 판문점에서 실무회담을 실시했지만 결렬되었다. 북한 측은 그 후도 여러 차례 당국자 간 대화를 제안했지만 실현되지 않았다. 이미 현대와 사업을 계속하는 것은 불가능하다고 판단한 북한은 같은 해 4월, 금강산관광지구 내의 한국측 시설 및 재산을 몰수하고, 지구 내에 체류하고 있던 한국인을 추방하였다.

북한 당국은 2011년 4월에 현대아산의 금강산관광특구의 독점사업권을 취소하고, 다음 달 5월에 금강산국제관광특구법을 채택하였다. 금강산관광지구는 금강산국제관광특구라고 개칭되고, 여러 외국으로부터의 투자가 가능해졌다.

2011년 11월에는 중국을 통한 관광이 시작되고, 3년 후인 2014년 6월에는 원산—금강산 국제관광지대가 설립되었다. 연간 100만 명 이상의 관광객 유치를 목표로 하고 각국의 기업관계자들을 초청해 현지에서 투자설명회를 여는 등 관광객 유치에 힘을 쏟았다. 관광을 외화획득수단의 중심에 둠과 동시에 관광지구개발을 위한 여러 외국의 투자를 촉구하고 싶었을 것이다. 현대아산과의 사이에서 금강산관광지구사업을 성공시킨 경험이 있기 때문이다.

김일성 정권기에는 나선(당시는 나진—선봉) 한 군데에 머물렀던 경제특구는 김정일 정권기에는 4개소(나선, 황금평, 위화도, 개성, 금강산)로 늘고, 전술한 것처럼 김정은 정권하에서는 6배인 24개소로 대폭 증가했다.

[그림 2-3]을 보면 알 수 있듯이 할아버지와 아버지 시대에 설치된 4개의 특구는 북한의 네 모퉁이에 위치하고 있어 다른 지역과는 격리되어 있었다. 나선시는 원래 거주하는 주민 이외의 출입이 통제되었고, 지금은 폐쇄되어 있는 개성공업지구는 여기에서 일하는 노동자 이외에는

[그림 2-3] 북한의 경제특구

출전: 저자 작성

출입 금지였다. 금강산에서도 관광객의 행동은 통제되었고 현지 주민과
한국인과의 접촉은 금지되어 있었다. 황금평·위화도는 개발조차 진척
되지 않았다. 이유는 경제특구 내의 기업이 사회주의 시장경제를 도입
하고 있는 중국과 시장경제국인 한국 등에서 진출해 있기 때문이다.

그렇지만 김정은 정권에 들어서는 그 구도가 붕괴하였다. 경제개발구
를 모든 도道에 설치했다는 것은 해외 등으로부터의 기업진출이 전국으

로 넓혀진 것을 의미한다. 물론 경제개발구의 창설에는 '주민지역과 어느 정도 떨어진 지역'(경제개발구법 제11조 3항)이라는 조건이 포함되어 있기 때문에 지방당국은 적극적으로 일반시민의 생활구역에서 떨어진 지역에 특구를 설치하려고 노력했을 것이다.

그러나 한편, 종업원은 기본적으로 현지 사람을 고용하게 되어 있기 때문에(동同 법 제4조) 북한 정부가 아무리 통제하려고 해도 경제개발구에 진출한 기업의 노하우가 종업원을 통해 확산해 가게 된다. 시장경제의 노하우가 일반시민 사회로 확산된다는 현실은 충분히 예상된다.

다만, 북한이 실시한 제6차 핵 실험으로 2017년 9월 11일에 유엔 안보리결의(제2375호)가 채택되었다. 이 결의안은 북한의 단체·개인과의 사이에 신규·기존의 합영기업·공동사업체 개설, 유지·운영을 금지하는 것을 결정한 것이다. 이 제재가 있는 이상, 진출하고 싶은 기업이 있어도, 매우 어려운 것이 현재의 상태이다.

2018년 6월 12일에 싱가포르에서 사상 첫 북미정상회담이 실시되었다. 트럼프 미 대통령과 김정은 조선노동당위원장이 서명한 공동성명에는 북한과 미국이 새로운 관계를 구축하는 것을 담았다. 동시에 북한이 한반도의 완전한 비핵화를 위해 노력할 의지가 엿보였다. 새로운 관계 구축이란 국교정상화도 염두해 둔 관계개선을 암시하고 있는 것으로 보인다.

그 과정에서 경제제재 해제에 대한 안건도 상정될 것이 확실하다. 다만, 그러기 위해서는 한반도에 완전한 비핵화가 실시되어야 함이 전제조건이다. 여기에는 물론 북한의 핵 폐기도 포함되지만, 특히 북한이 생각하는 것은 미군 핵의 반입중지도 포함된 '완전한' 비핵화이다.

노동력은 귀중한 외화획득 수단

'대외봉사거래'. 2011년 9월에 조선사회과학원 경제연구소의 황한욱 교수의 강의를 받고 있었을 때, 그의 입에서 낯선 단어가 튀어나왔다. "봉사거래"라는 것은 요컨대 서비스를 말한다. 봉사거래란 해외에 노동자를 제공한다는 좁은 의미와 운송과 관광 등의 서비스 전반을 가리키는 넓은 의미가 있다고 한다. 특히 노동자를 해외에 파견해 건설노동에 종사시키는 일을 '대외건설봉사거래'라고 말한다고 한다.

황한욱 교수에 의하면, 북한이 처음으로 해외노동자를 파견한 것은 1977년 5월 리비아에 건설노동자를 파견한 것이다. 석유수출국의 오일머니oil money를 예측해 김일성 주석 스스로 발의하였다. 그 후, 중동 여러 나라, 아프리카 여러 나라, 러시아 극동으로 노동자를 파견하였다. 또한 내가 강의

조선사회과학원의 황한욱 교수

를 받았던 2011년은 러시아와 폴란드에 노동자를 파견하고 있다는 것이었다.

북한이 노동자 파견에 주력하는 것은 '비교적 큰 액수의 외화를 벌 수 있기 때문이며, 큰 규모의 도로, 철도, 공장, 주택 등의 건설현장에 노동자를 파견한다.'고 황한욱 교수는 말했다. 노동자 파견에 관해서 북한의 연구자로부터 직접 견해를 들은 것은 처음이었다.

북한이 노동자를 파견하고 있는 나라의 수는 10여 개국에서 약 40개국까지 여러 설이 있는데, 미 국무성이 2016년 말에 연방의회에 제출한 보고서에 의하면 중국과 러시아, 캄보디아, 베트남, 폴란드, 몰타, 아랍에미리트, 쿠웨이트 등 23개국에 이른다(《마이니치신문》 2016년 12월 3일자).

이것은 황한욱 교수의 설명과도 일치하고, 미 국무성의 보고는 실제 숫자에 가깝다고 생각한다. 인원도 2016년 9월 현재 5만 명(인권단체 '국경 없는 인권Human Rights Without Frontiers' 윌리 포트레 대표)에서 11~12만 명(한국 · 통일연구원 북한인권연구센터의 오경섭 부센터장)까지 벌어지지만, 북한 정부가 통계를 발표하지 않고 있으므로 실제 숫자를 파악하기는 어렵다.

노동자 파견에 의해 북한 정부가 얻는 수익 총액에도 여러 설이 있다. 예를 들면 북한전략센터 · 코리아정책연구원은 연간 송금액을 1억 5000만~2억 3000천만 달러(《동아일보》 전자판, 2016년 9월 23일자) '국경 없는 인권'은 연간 12억~23억 달러(《연합뉴스》 2016년 9월 23일) 등이라고 추산한다. 《마이니치신문每日新聞》(2016년 12월 3일자)은 과거 5년간 송금 총액은 3억 달러라는 추정치를 보도하였다. 이것도 북한 정부가 실제의 수익을 분명하게 밝힌 것은 아니므로 정확한 수치는 알 수 없다.

단지, 황한욱 교수도 말했듯이 '비교적 큰 외화를 벌 수 있는' 수단인 것은 확실하다. 이 중 얼마만큼의 액수가 실제로 노동자에게 전해지는지도 분명치 않다. 그렇다고 북한 정부가 전부 착취하고 있지 않다는 것도 확실하다. '본인에게 주어야 할 몫과 국가에게 납부할 몫이 있다.'라고 황한욱 교수는 말했다. 실제, 2010년 9월에 북한을 방문했을 때. '외국에 돈벌이하러 가서 5~6000달러 벌어서 돌아와 집을 구입한 사람도 있는 것 같다.'라는 이야기를 현지 사람에게 들었다. 세간에 떠도는 소문 같은 종류의 이야기이므로 진위는 분명하지 않지만 노동자가 해외에서 번 돈을 전부 국가가 착취하는 것이 아니라는 것은 분명한 것 같다.

북한 당국의 경우에도 노동자 파견은 '양날의 칼'이다. 귀중한 외화획득의 수단이지만 한편으로는 그들을 통해 여러 외국의 사정과 시장 경제적 관리방법이 국내로 들어오는 "위험"도 생각할 수 있기 때문이다. 물론 해외에 파견된 노동자는 격리시켜 감시한다. 그러나 아무리 감시를 해도 들어오는 정보를 전부 차단할 수는 없다. 그런 "위험"이 있다고 하더라도 외화획득이라는 이익을 우선하는 "실리"를 북한 정부가 추구하고 있다고 말할 수 있을 것 같다.

북한의 귀중한 외화획득 수단인 노동자 파견에 유엔이 칼을 들이 댄 것은 2016년 11월 30일이다. 유엔 안전보장이사회는 대북 제재결의(제2321호)에서 처음으로 이 문제를 파고들었다. 같은 해 9월 9일의 제5차 핵실험 이후의 결의에는 '북한의 노동자를 체류시키고 있는 나라는 북한 노동자의 임금이 북한 정권의 금지된 계획에 사용되고 있지 않다는 것을 확인하는 수단을 강구할 것을 요구한다.'라는 문장이 포함되어 있었다.

다만, 이것은 제재를 의무화한 것은 아니었다. 북한노동자를 가장 많이 받아들이고 있는 중국의 반대로 보류된 것으로 알려졌는데(《마이니치신문》2016년 12월 3일자), 미국은 같은 해 12월 2일, 해외에 노동자와 기술자를 파견하는 4개 회사를 제재대상으로 하는 독자제재를 단행하였다. 같은 날 한국 정부도 해외노동자를 파견하는 단체와 개인을 포함한 35단체, 36명을 독자제재의 대상에 넣었다.

더욱이, 2017년 9월의 제재결의에서는 유엔 안보리가 허가할 경우를 제외하고 북한의 노동자 파견은 원칙적으로 금지시켰다(표 2-2 참조). 같은 해 2월의 ICBM(대륙간탄도미사일) 발사실험 직후의 제재결의에서는 해외벌이 노동자의 24개월 이내 본국송환을 요청했다. 미국의 초안은 12개월 이내라고 되어 있었지만 직전에 24개월 이내로 변경되었다.

[표 2-2] 북한의 핵 · 미사일실험과 유엔 안보리의 대응(1993~2017년)

년	월	북한의 핵 · 미사일실험	유엔 안보리의 대응	결의 · 제재의 주요내용
1993	5	중거리탄도미사일 '노동'발사실험	결의 제825호 (11일) ※미사일 관련이 아님	NPT탈퇴선언 재고촉구
1998	8	중거리탄도미사일 '대포동 1호' 발사실험 (31일)		
	9		보도성명 (15일)	
2006	7	ICBM '대포동 2호' 포함 7발의 중 · 단거리 미사일 실험 (5일)	결의 제1695호 (15일)	미사일 또는 미사일과 관련된 품목, 자료, 물품, 기술, 자금의 북한으로의 이전 금지
	10		의장성명 (6일)	
		제1회 핵실험 (9일)	결의 제1718호 (14일)	3개 분야에서 북한으로의 공급과 판매, 이전 금지
2009	4	'대포동 2호' 계량형이라고 볼 수 있는 탄도미사일 발사실험. 일본 상공 통과 (5일)	의장성명 (13일)	
	5	제2차 핵실험 (25일)		
	6		결의 제1874호 (12일)	1718호의 첫 번째 분야에서, 모든 무기와 관련 물자 제공, 제조, 유지 또는 사용에 관한 금융거래, 기술훈련, 조언, 서비스와 원조금지/북한에 대한 제공과 판매, 이전에 한해서 소형무기와 그 관련물자는 인정되다.
	7	단거리 탄도미사일 등 7발 발사 (4일)		
2010	6		결의 제 1928호 (7일)	효율적으로 제재를 실시하기 위한 조치
2012	4	장거리탄도미사일'은하 3호' 발사시험 (13일)	의장성명 (16일)	
	12	장거리탄도미사일 '은하 3호' 2호기 발사실험(12일)		

연도	월	사건	유엔 조치	제재 내용
2013	1		결의 제2087호 (22일)	탄도미사일실험을 비난
	2	제3차 핵실험(12일)		
	3		결의 제2094호 (7일)	핵·탄도미사일 개발관련이라고 의심되는 북한의 금융거래금지
2016	1	제4차 핵실험. '첫 수소폭탄 실험에 성공'(6일)		
	2	인공위성 '광명성 4호' 발사 (7일)		
	3	중거리 탄도미사일 '화성 12형' 발사(15일)	결의 제2270호 (2일)	외화수입을 제한. 석탄, 철·철광석, 금, 티타늄(Titanium) 광석, 바나듐(vanadium) 광석, 희토류(rare earth)의 북한에서의 조달금지
		탄도미사일 2발, 동해상으로 발사 (17일)		
	4	잠수함발사탄도미사일(SLBM) 발사		
	6	중거리탄도미사일 2발 발사 (22일)	보도성명 (23일)	
	8		보도성명 (26일). '추가적 중대조치' 예고	
	9	준중거리탄도미사일 3발을 해상으로 발사 (5일)	보도성명 (6일)	
		제5차 핵실험 (9일)	보도성명 (9일) 새로운 대북제재조치예고	
	10		보도성명 (17일)	
	11		결의 제2321호 (30일)	외화수입제한조치 강화. 동과 니켈, 은, 아연을 조달금지 품목으로 추가 / 석탄은 금액과 중량에 상한 / 동상 등의 형상 조달금지, 노동력수출에의 감시요청 등
2017	2	중거리탄도미사일 '북극성 2호' 발사 (12일)	보도성명 (13일)	

3		보도성명 (7일, 23일)	
4		보도성명 (6일, 20일)	
5	중거리탄도미사일 '화성 12형' 발사 (14일)	보도성명 (15일, 22일)	
7	ICBM '화성 14형' 발사 (4일) ICBM '화성 14형' 발사 (28일)		
8	중거리탄도미사일 '화성 12형' 발사 (29일)	결의 2371호 (5일) 보도성명 (29일)	석탄, 철·철광석, 납·납광석, 해산물 등의 수출봉쇄 / 북한노동자의 국외고용제한 등
9	제6차 핵실험 (3일)	결의 제2375호 (11일)	원유·석탄정제품의 대북수출 상한설정 / 북의 섬유제품 수출금지 / 북의 노동자 파견은 안보리의 승인필요
11	ICBM '화성 15형' 발사 (29일)		
12		결의 제2397호 (22일)	석유정제품 수출을 연간 50만 배럴로 제한 / 해외벌이노동자의 24개월 이내 본국송환

출전: 국제연합광보센터 홈페이지/ 일본외무성홈페이지 [2017년 11월 18일], 미야모토 사토후(宮本悟, 2017)을 참조해 저자 작성

'동계어획전투'와 표류선

북한에서는 대중에게 경제건설을 호소할 때 '전투'라는 단어를 자주 사용한다. 예를 들면 농업부문에서 '풀베기 전투', '가을걷이 전투' 등이다. '150일 전투', '200일 전투'라는 말도 자주 들린다. 이것은 국가가 정한 경제목표를 달성하기 위해서 일정기간 총동원을 할 때의 명칭이다. 당대회 등을 앞에 두고 성과를 낼 목적으로 일정을 짜는 경우가 많다. 아무튼 ' ~ 전투'를 좋아한다. 총동원 기간에는 집 밖으로 놀러나가는 것

은 금지다. 공개적으로 음주하는 사람도 볼 수 없다.

2012년 초여름 북한에 갔을 때, 총동원 기간에 소풍을 간 적이 있다. 차를 타고 목적지로 가는 도중에 한 노동자에게 통행을 저지당했다. '지금은 총동원기간이다. 놀러 가다니 제 정신이냐.' 그 노동자는 분노 섞인 어조로 말했다. 결국, 내가 해외에서 왔기에 허용되었지만 마땅히 노동자의 말이 옳다. 나는 미안한 마음이 앞서 소풍을 즐길 수 없었다.

'전투'는 육지만이 아니라 바다에서도 실시된다. '동해어장에서 본격적인 동계어획전투가 시작되었다.' 이런 문구로 시작되는 사설이《노동신문》(2017년 11월 7일자)에 실렸다. '크고 작은 배를 총동원하라', '어획전투를 몰아붙이자.'라고 기합을 넣었다. 또한 '동계어획은 연간 수산물생산에서 필수적인 중요한 전투'라고 사설은 주장하였다. 같은 달 24일자에는 어선에 동승한 기자의 현장취재도 기재되었다.

그러던 중, 표류하고 있던 북한 배가 아키타켄秋田県과 홋카이도北海道에서 연이어 발견되었다. 아키타켄에 표착했던 목조선에는 8명의 승조원이 타고 있었는데 그들은 중국 경유로 귀국하였다. 그러나 홋카이도 마쓰마에쵸松前町 앞바다에 닿은 목조선의 경우, 승조원 10명 중 선장들 3명이 마쓰마에 고지마小島 섬에 잠시 피난했을 때 섬의 피난오두막에 있었던 발전기를 훔쳤다고 해서 절도용의로 체포, 송치되었다. 목조선에 걸려있던 금속판에 '조선인민군 제854군부대'라고 한글이 적혀 있는 것이 확인되어 '공작원' 등의 억측을 불러일으켰지만, '단속하기 어려운 군과 경찰기관에 등록하고 배 이름으로 기재하는 경우가 많다.'《마이니치신문》2017년 12월 13일자)고 한다.

또, 전술한《노동신문》사설은 '인민군의 어로전사들의 전투 기개로 결사전을' 등의 문구로 호소하고 있는 것을 보면, 조선인민군 병사가 직

고층주택 건설에 동원된 노동자들(2011년 9월)

접 어획하러 타고나간 것도 생각할 수 있다. 북한에서 병사들은 주택 등
의 건설현장과 농촌에서의 모내기 등, 모든 경제건설 현장에 동원되는
것이 보통이다. 고기잡이로 동원되더라도 이상하지 않다. 일반 어부가
군의 명령을 받아 할당량을 달성하기 위해 위험을 무릅쓴 경우도 생각
할 수 있다. 실제 서울에서, 홋카이도 신문기자의 취재에 응한 새터민은
'일반 국민이 군의 하청을 받아 어선에 타고 있다.'고 증언했다(《홋카이도
신문》 2017년 12월 7일자 조간).

　마쓰마에쵸 앞바다에 닿은 북한의 승무원은 2017년 9월에 함경북도
청진항을 출항해 동해에서 오징어잡이를 하고 있었는데, 약 1개월 전에
키가 고장 나서 악천후로 인해 마쓰마에 고지마 섬으로 피난했다고 한
다(《아사히신문》 전자판, 2017년 12월 9일자). 진상은 이러했다.

북한 건설장에서 흔히 볼 수 있는 구호판(2011년 9월)

   동해 각지에서 북한의 어선이라고 여겨지는 목조선이 표류·표착했던 예는 이번이 처음이 아니다. 2011년이 57건, 2012년이 47건, 2013년이 80건, 2014년이 65건, 2015년이 45건, 2016년이 66건이다. 2017년은 104건으로 최고 기록이다. 북한에서는 12년 무렵부터 경영권이 각 기업에 맡겨졌다. 협동농장에서는 국가에 납입하고 나머지 몫은 농민에게 현물로 지급된다. 어업분야에서도 같은 시스템이 도입되어 있다면 어민들이 몫을 늘리기 위해 위험을 무릅쓰고서라도 먼 바다까지 고기잡이하러 나가는 것을 쉽게 상상할 수 있다.

3장 북한 사람들

2008년 당시, 평양에서는 여성의 바지차림이 금지되어 있었다. 그런데 2년 후인 2010년에 북한에 갔을 때, 거리는 바지차림의 여성들로 넘쳐 났다. 해금이 되었을까.

그렇다고 해도, 스키니 바지같이 몸에 꼭 달라붙은 옷과 청바지는 원칙적으로 금지다. 민소매 티셔츠 등 "자극적"인 의복도 금지다. 두발염색도 안 된다. 그렇지만 옛날에 비해 멋을 낸 여성은 현격히 증가하였다. 귀걸이를 한 젊은 여성도 자주 볼 수 있고 공항에서는 맨발에 샌들, 페디큐어를 하고 있는 대학생 정도의 여성을 만날 수 있었다. 두발모양도 일률적이지 않고, 길거나 짧게 각자의 개성대로 맵시를 내고 멋을 즐기고 있었다.

취재의 성패를 쥔 안내원

"내가 찾고 있는 사람은 이런 간부의 부인이 아니에요. 그저 평범한 여성의 삶을 알고 싶어요!"

2003년의 평양특파원 시절, 나는 '일하는 기혼여성의 하루를 쫓다.'라는 취재 기사를 기획하고 이에 어울리는 여성을 찾고 싶다고 조선신보 전속 남성안내원인 K씨에게 부탁했더니 취재후보로 내세운 사람은 당 간부의 부인이었다. 북한에서는 어디를 가든지 안내원이 동행한다. 일본인 등 외국인의 경우에는 외무성과 국제관광여행사의 통역 겸 가이드가 붙지만 해외동포의 경우에는 해외동포사업국(전신은 교포총국, 해외동포영접국)에서 파견된다.

"이런 풍족한 사람을 취재해서 기사를 써봤자, 일본에서는 '미리 짜고 꾸민 짓'이라는 소리를 듣게 된단 말이에요. 다른 후보를 찾아주세요."

나는 그렇게 말하고 취재를 거부했다.

K씨도 지지 않았다.

"풍족하다고는 하지만 그녀도 평범한 기혼여성의 한 사람입니다. 왜 그 부인은 안 된다는 겁니까?"

도대체, 왜 평범한 여성의 하루를 취재해야만 하는가, 그는 그것을 이해할 수 없었던 것 같다. 이 일을 계기로 나는 K 씨와 1주일 정도 말을 하지 않았다. 북한에서는 안내원이 코디네이트를 해주지 않으면 취재

자체를 할 수 없게 된다. 그런데도 어쩔 수 없다고 생각했다. 여기에서 타협하면 앞으로도 그의 방식대로 취재대상이 결정되어 버린다고 생각했다.

다만, 그가 그러한 여성을 후보로 삼는 심정도 이해할 수 없었던 것은 아니다. 북한의 사회주의 체제에서 태어나고 자란 안내원과 자본주의 일본에서 자란 조선신보의 기자는 발상 자체가 전혀 달랐다. 어쩌면 이런 것은 당연했다. 내 나름대로의 기획의도를 설명했다. 죽을힘을 다해 설명하고 이해해 주기를 바랐지만, 이해했는지 어떤지는 알 수 없었다.

결국, 이 기획은 일단 틀어졌다. 크게 다툰 K씨와는 그 후 함께 술을 마시고 화해했다. 싸운 일을 계기로 허물없는 사이가 되어 그 후로는 진심으로 마음을 터놓을 수 있게 되었다. 그도 일본의 사정 등을 이해하고 그에 어울릴 취재대상을 찾는 데 노력해 주었다.

1개월 남짓 지났을 무렵, '일하는 기혼여성을 취재하러 갑시다.'라고 K 씨가 갑자기 말했다. 나는 새까맣게 잊고 있었는데 그는 끈질기게 취재대상을 찾고 있었다. '원하시던 여성을 찾았습니다.'라고 자랑하는 그를 따라 나섰더니 리춘화 씨(39세)가 거주하는 아파트였다. 틀림없이 내가 찾고 있었던 여성이다. 그녀는 탁아소 보육사이고 남편은 IT관련 일을 하고 있으며 중학생 딸이 한 명 있었다. 처음에 리춘화 씨는 취재를 계속 거절했다고 한다. 그렇지만 K 씨와 평양시의 관계자가 몇 번씩이나 부탁해서 응했다고 했다.

취재는 잘 끝마쳤다. 그녀의 가족과 함께 아침식사를 했을 때는 나도 식사 준비를 거들었다. 나는 일본식 계란말이를 만들어 식탁에 올려놓았다. 식재료는 생각보다 풍부하게 갖춰져 있었고 식용유와 조미료도 넉넉했다. 리춘화 씨의 근무처에도 동행해 동료에게서 그녀에 관한 이야기도 들었다. 저녁식사는 우리들이 가져간 메기로 전골요리를 만들었다. 하루 동안 행동을 같이 했더니 리춘화 씨와는 아주 막역한 사이가 되었다. 저녁식사 때에는 급여와 보통의 생활방식 등도 다양하게 물으며 르포기사를 썼다. 기사는 평판이 좋았고, 월간 〈작은 책〉*이라는 한국 잡지에도 기재되었다.

북한에서는 공장이나 기업소, 상품 등을 견학할 때에는 안내원에게 부탁하면 코디네이트를 해 준다. 취재 코디네이트를 맡은 조선신보 평양지국의 안내원은 일정기간 동안 바뀌지 않았다.

지방을 포함한 친족을 방문할 때에도 안내원이 목적지까지 동행은 하지만 가족과의 단란한 시간을 방해하지는 않았다. 일본에서는 안내원이 곧 감시역이라고 생각하는 경향이 있다. 물론 그러한 측면이 없는 것도 아니지만, 24시간 내내 따라다니는 것은 아니다.

또 여성에게는 반드시 여성안내원이 배정되는 것은 아니고 남성이 배정되는 일도 있다. 안내원과 성격이 맞지 않으면 최악이다. 장기체류를 할 때는 안내원과 운전기사와의 소통이 무엇보다 중요하다. 그렇기 때문에 최대한 그들이 기분 좋게 일할 수 있도록 이쪽에서 배려를 한다. 그들과 의사소통을 도모하지 않으면 일을 제대로 할 수 없기 때문이다. 안내원은 외국에서 온 방문자와 북한을 연결하는 "가교"역할을 한다.

---

* 세상을 바꾸는 따뜻한 이야기라는 부제가 있는 잡지로 1995년 창간되었다. 2011년 현재 버스 기사 출신의 안건모가 발행인이며, 글쓰기 강의, 노보 전시회 등의 노동문학 지원 등 월 1회 대중강좌를 열고 강좌내용을 특집으로 담아내고 있다.

운전기사와 안내원의 벽

안내원과 함께 없어서는 안 될 존재가 운전기사다. 학생 등 단체객은 버스를 제공받지만 개인은 승용차가 제공된다. 물론 무료는 아니다. 휘발유 비용 등과 같은 차량유지비를 부담해야 하며 안내원과 운전기사에게는 수고비를 주는 경우도 있다. 수고비를 주는 것은 선택이지만 내가 빈번하게 북한을 방문했던 2010년대 초에는 '수고했습니다.'라는 의미에서 건네는 것이 절반은 관례였다.

운전기사는 일본 자동차나 벤츠 등의 본인 소유의 자동차를 가지고 있다. 그렇다고 하더라도 개인소유의 자동차라는 의미는 아니다. 국가로부터 받은 차를 관리하고 있는 것이다. 그 때문에 운전기사가 바뀌면 차도 바뀐다.

북한에 장기간 체류하면 할수록 안내원이나 운전기사와 사이가 돈독해진다. 그렇다고나 할까, 24시간 내내 함께 지내기 때문에 사이가 좋아지지 않을 수 없다. 앞에서도 말했듯이 안내원이 코디네이트를 해주지 않으면 북한에서의 활동은 불가능하다. 단순한 관광이라면 그런대로 괜찮겠지만, 나처럼 학술조사로 성과를 얻어내야 하는 목적을 달성하기 위해서는 안내원에게 의도를 확실히 알려줄 필요가 있다. 그러나 이것은 결코 쉽지 않다. 어쨌든 살고 있는 체제가 다르기 때문에 이쪽이 시장과 상점, 공장과 농촌 등의 현지조사가 필요하다고 말해도, '어째서 그런 것이 논문에 필요한 것입니까. 그런 논문 같은 건 읽어 본 적이 없습니다.'라는 이야기가 되어 버린다. 분명히 북한에서 그런 논문은 본 적이 없을 것이다. 그렇기 때문에 일본의 사정을 잘 설명하고 이해시키지 않으면 안 된다.

반대로 북한 사람들의 생각을 아는 것도 중요하다. 일반적으로 이쪽의 하고 싶은 말만 주장해서도 대화가 앞으로 진척되지 않는다. 이럴 때 계속 안내원과 소통하기 보다는 운전기사와 소통할 때 해결되기도 했다.

《조선신보》 평양특파원 시절에도 운전기사들과 대화를 나누는 것이 대단히 즐거웠다. 평양지국의 경우, 안내원과 마찬가지로 운전기사도 고정된 같은 사람이 담당하기 때문에《조선신보》의 업무를 잘 알고 있다. 그렇기 때문에 운전기사가 적확한 조언을 해준 적도 적지 않다. 실은 운전기사와 안내원 간에는 보이지 않는 벽이 있다. 같은 공무원인데도 안내원이 운전기사를 약간 아래로 보기 때문이다. 아마 자신들은 지적인 업무에 종사하고 있는 사무직이고 운전기사는 육체노동자라는 인식 때문일 것이다.

그렇기 때문에 운전기사는 안내원 앞에서는 말참견을 하지 않고, 나중에 살짝 조언을 해준 적이 많았다. 그 조언이 때로는 안내원보다 정곡을 찌를 때가 있어 놀라웠다. 운전기사들은 모든 상황을 자세히 지켜보고 있었다. 그리고 그들의 또 다른 장점은 고장 난 자동차를 직접 수리할 수 있는 능력이었다. 군복무 중에 익힌 기술이라고 한다. 북한에서는 (특히 지방에서) 자동차 수리공장을 찾기란 결코 쉽지 않다. 그렇기 때문에 운전기사들이 대수롭지 않은 고장이라면 스스로 고친다. 당황하지 않고 소란스럽지 않게 차분한 모습으로 묵묵히 수리하는 그들의 모습에 언제나 감탄했다.

이동의 자유

'공민公民은 거주, 여행의 자유를 가진다.'

1998년에 개정된 헌법에서는 주민의 이동의 자유를 인정하는 조항(제

75조)이 신설되었다. 이전에는 이동의 자유가 없어서 비록 국내라도 거주 지역 이외의 지역으로 이동하려면 반드시 관청의 허가를 받아야 했다.

그런데 1990년대 중반에 경제상황이 악화되어 식량공급제도가 붕괴하자, 사람들은 식량을 구하기 위해 각지를 돌아다니게 되었다. 일일이 허가를 얻어 이동했다가는 굶어 죽게 된다. '거주·이동의 자유' 규정은 그러한 현상을 추인한 것이라고 말할 수 있다. 이 규정은 '물자'의 유통을 가져오는 '사람'의 이동을 보장하는 측면도 있었다. 이는 상품을 가진 장사꾼이 이동하는 것으로 시장 경제적 요소를 확산시키는 데에도 한몫했다고 할 수 있다.

그런데도 평양은 각별했다. 2003년에 《조선신보》의 평양특파원을 하고 있었을 당시, 평양에서 지방으로 이동하는 것은 그다지 어렵지는 않았는데, 평양으로 돌아올 때에는 몇 개의 검문을 통과해야만 했다.

북한 사람들은 모두 신분증명서를 가지고 있지만 나처럼 해외동포나 외국인은 없었다. 북한에 한창 체류 중일 때, 신분증명서가 되는 여권과 재입국허가증은 안내원에게 맡기게 되어 있었다. 신분증명서가 없어도 평상시 이동하는 데에 곤란한 적은 없었지만, 단 한 번 검문에 걸린 적이 있다. 금강산에 가던 도중이었다. 언제나처럼 운전기사와 안내원이 증명서를 보이고 통과하려고 할 때, 보초병이 '뒤에 있는 여성의 증명서는?'이라고 물어온 것이다. 나는 안내원에게 맡겨두고 잠자코 있었다. 안내원은 병사와 몇 분간 심각하게 이야기를 나누었다. 결국에는 통과시켜 주었다. 나중에 물어보았더니, '증명서가 없으면 저 여성의 신분을 어떻게 증명하라는 것인가.'라고 추궁 당했다고 한다.

검문에 섰던 병사는 당연히 해외동포는 여권을 휴대하지 않아도 이동하는 데 문제가 되지 않음을 알고 있었다. 해외동포는 동족이라도 현지의 사람과는 옷차림이나 분위기가 다르기 때문에 기본적으로는 수월히 통과시켰다. 아마 나에게 증명서를 요구한 병사는 신참이었을지도 모른다. 해외동포의 존재를 모르고 신분이 확실하지 않은 사람을 통과시켜서는 안 된다고 생각했을 것이다. 그는 임무에 충실했을 뿐이므로 역으로 칭찬 받아 마땅하다. 금강산에서 검문이 엄격했던 것은 남북군사분계선 부근이기 때문이라고 생각한다. 이 건으로 북한의 엄격한 검문을 직접 체험하였다.

사회의 변화를 보여주는 여성의 패션

'거기, 바지 입은 여성!'

평양의 뒷골목을 걷고 있자니, 한복을 입은 할머니가 큰 소리로 불러 세웠다. 내가 들리지 않는 척 하고 그냥 지나가려고 하니 몇 번이나 불렀다. '큰일이다'라고 생각하고 쏜살같이 달려 도망쳤다. 2008년 여름의 일이다.

할머니는 '규찰대'*의 일원이었다. 요컨대 규칙위반을 하고 있는 사람이 있는지 거리에서 감시하고 있는 사람들이다. 복장과 두발모양 등에 주의를 주는 일이 많다. 할머니뿐만 아니라 대학생과 중학생 규찰대도 있다. 중학생 규찰대는 수업을 빠지고 놀고 있는 학생이나 복장이 단정치 못함을 단속한다고 들었다. 시민이 시민을 '감시'하는 구조가 확립되어 있다고도 말한다.

횡단보도를 무시하는 등의 교통위반을 하는 사람은 '유선TV'에 영상이 나간다. 영상을 모자이크하거나 눈을 가려 인물을 알아볼 수 없게 하

---

* 조직체의 질서를 바로잡고 통제하기 위하여 조직한 단체.

귀걸이를 한 여성점원

거리를 걸어가는 여성들의 패션도 다양화 됐다.

는 따위의 배려는 전혀 없다. 그러기는커녕 거주지역과 이름까지 공개
한다. 촬영된 본인은 창피를 당할 뿐만 아니라 반성문도 써야 하고, 직
장 상사에게는 꾸지람을 듣는다. 지독한 꼴을 당하기 때문에 두 번 다시
위반하는 일은 없다고 현지의 사람들은 말하고 있었다.

2008년 당시. 평양에서는 여성의 바지차림이 금지되어 있었다. 그런데 2년 후인 2010년에 북한에 갔을 때, 거리는 바지차림의 여성들로 넘쳐 났다. 해금이 되었을까.

그렇다고 해도, 스키니 바지같이 몸에 꼭 달라붙은 옷과 청바지는 원칙적으로 금지다. 민소매 티셔츠 등 "자극적"인 의복도 금지다. 두발염색도 안 된다. 그렇지만 옛날에 비해 멋을 낸 여성은 현격히 증가하였다. 귀걸이를 한 젊은 여성도 자주 볼 수 있고 공항에서는 맨발에 샌들, 페디큐어를 하고 있는 대학생 정도의 여성을 만날 수 있었다. 두발 모양도 일률적이지 않고, 길거나 짧게 각자의 개성대로 맵시를 내고 멋을 즐기고 있었다. 옛날에는 비슷한 두발모양이 많았지만 지금은 자유롭게 선택할 수 있다. 최신 패션정보는 중국에서 들어오는 경우가 많다고 한다.

2010년 9월에는 평양의 김일성 광장 부근에서 기묘한 모습을 한 여성 군단軍團을 볼 수 있었다. 저녁행사 등 야회夜會의 연습을 하고 있던 젊은 여성들은 똑같은 모양의 모자를 쓰고 얼굴에는 복면을, 더운데 긴 소매 셔츠를 입고 있었다. "어째서 그런 모습을 하고 있는 것이에요?"라고 물으니, "햇볕에 그을리기 싫어서."라고 대답한다.

미용과 멋내기에 신경을 쓰는 여성이 늘어난 것은 그만큼 사회 전반에 여유가 생긴 것이 아닐까 생각한다. 물론 아직 평양과 대도시에 한정된 일이지만.

북한 사람들도 '타이타닉'을 보았다

'아, 로즈가 잭을 처음 만난 장소입니까?'

2010년 9월, 평양 시내의 '3대혁명전시관'을 견학했을 때, 미모의 행사 도우미 여성으로부터 이런 말이 튀어나왔다. 잭과 로즈는 레오나르도 디카프리오와 케이트 윈슬렛이 연기한 영화 '타이타닉'의 주인공들이다. 3대 혁명전시관이라는 곳은 북한이 지금까지 공업, 농업 분야에서 거둔 성과물을 과시하는 장소다.

트럭과 철도 등의 실물도 전시되어 있는 중공업관에 들어섰을 때의 일이다. 전시물의 스크린을 보면서 나는 '타이타닉의 그곳일까?'라고 농담조로 중얼거렸다. 그러자, 도우미는 즉각 글의 서두처럼 되받아 이야기했다.

그녀는 외교관인 부모와 함께 오랫동안 아프리카에서 생활했다고 하였다. 프랑스어에 능숙하고 세계의 사정에도 정통해 있었다. 영화 '타이타닉'도 외국에서 보았는지도 모른다. 다만, '타이타닉' 영화가 북한에서도 일반 서민들 사이에 볼 수 있었던 것은 2003년에 평양특파원을 하고 있었던 당시에 알고 있었다. 한글 자막이 있는 '타이타닉'의 DVD를 빌려주겠다는 친구가 있었기 때문이다. 어떤 이유에서였는지 보지는 않았지만, 일반 사람들이 보았거나 혹은 알고 있는 것만은 확인할 수 있었다.

북한에서는 오락이 적다. 휴일에는 강변이나 공원에서 가족과 친구, 직장 동료들과 소풍을 할 정도다. 그래도 2010년에 북한을 갔을 때에는 야간영업을 하는 유원지가 생겨서 놀랐다. 오후 8시 무렵에 나갔더니 많은 사람으로 붐비고 있었다. 물론 이전에도 유원지는 있었지만, 특히 이곳의 놀이기구는 대부분이 절규머신 놀이기구다. 설비는 모두 이탈리아에서 수입했다고 한다.

북한답다고 생각한 것은 여성이 놀이기구를 탈 때에 치마를 입는 것을 금지하고 있었다. 속옷이 보이면 보기 흉하다는 것이 이유였다. 확실

유원지 내에는 패스트푸드 가게(2010년 8월)

히 유원지에서는 바지차림으로 씩씩하게 활보하는 여성들의 모습이 눈에 띄었다. 일설에 의하면 유원지 신축은 김정은 당위원장의 생각이라고 한다. 분명히 2010년에 김정은 위원장이 공식적으로 등장했던 무렵부터 돌고래쇼를 볼 수 있는 돌고래 수족관과 수영장, 유원지 등의 오락시설이 증가하였다.

유원지 안에는 고기겹빵 가게가 있었다. 고기겹빵, 감자튀김, 음료수가 들어간 세트메뉴는 450원이었다. 안내해 준 유원지의 직원과 둘이서 콜라를 구입하였다. 한 잔에 0.7달러이므로 두 잔에 1.4달러다. 2달러를 지불했더니 잔돈은 북한 돈으로 800원을 거슬러 주었다.

북한에서 물건을 사거나 레스토랑 등에서 식사를 하면, 돈 계산하는 속도에 언제나 놀란다. 전반적으로 외화가 부족한 탓인지 유로로 지불해도 반드시 유로로 잔돈을 주는 것은 아니다. 달러나 중국 돈, 때로는 북한 돈으로 주기도 한다. 그것을 순식간에 환산하기 때문에 대단하다. 일본 돈은 거의 통용되지 않고 있었다.

2011년 8월에 평양의 관광명소, 주체사상탑을 방문하였다. 내가 재일 동포라는 것을 알게 되면 100엔 동전과 500엔 동전을 가져와서 1000엔 지폐로 바꾸어 달라고 말한다. 동전은 은행에서 받아주지 않는다는 것이다. 그 만큼 일본 돈은 수요가 없다.

팔짱을 낀 연인들이 증가하다

북한에서 8월 28일은 '청년절'이라고 부르는 축제일이다. 2011년에 북한에 갔을 때, 마침 이날과 우연히 맞닥트렸다. 휴일이기 때문에, 평양 시내의 이곳저곳에서 소풍을 하는 광경을 볼 수 있었다. 직장 동료와 친구끼리 도시락과 술을 가져와서 노래와 춤을 즐기고 있었다. 여름인 탓일까 상반신 민소매 차림으로 놀고 있는 남성도 적지 않다. 노래방 기기를 가져와 본격적으로 노래를 부르는 단체도 있었고 포크댄스와 같은 얌전한 계열이 아닌 지르박과 같은 스텝으로 춤추는 젊은 남성의 모습도 눈에 띠었다. 데이트를 즐기는 연인들도 많았다. 옛날과 비교해 보면 당당히 손을 잡기도 하고 팔짱을 끼는 연인들도 증가하였다.

이날, 나는 안내원과 운전기사와 함께 대동강에 떠있는 선상 레스토랑에서 점심을 먹고 있었다. 달피(마른명태)와 김치를 안주로 생맥주를 마셨다. 요리는 맛있었지만 점원의 태도는 불친절했다. 다만 반입이 가능했기에 호텔에서 받은 도시락을 가져갔다. 덕분에 지출할 금액은 줄어들었다. 이처럼 북한에서는 술과 음식물을 가져가도 불평을 하지 않는 레스토랑이 많다.

앞에서 말했듯이 북한에는 오락이 적다. 유원지 등은 있지만 입장료도

데이트 중에 팔짱을 낀 커플

지르박(사교댄스)을 추는 젊은이

지불해야 하고 입장표의 할당이 있기 때문에 자유롭게 매번 갈 수 있는 것이 아니다. 영화관이나 박물관 등도 적고, 영화관에 가도 볼 수 있는 영화는 북한영화뿐이다. 더구나 전력부족으로 새로운 영화가 제작되었다는 이야기는 그다지 듣지 못했다. 그 대신 모란봉악단과 같은 예술 공

휴일에는 강변에서 친구들이나 가족들, 직장 동료들끼리 모여서 소풍을 하는 모습을 자주 볼 수 있다
(2011년 8월)

연과 연극공연은 자주 열리고 있다.

2011년에 평양에서 만수대예술단과 삼지연악단의 합동공연을 볼 기회가 있었다. 당시 북한에서 크게 히트하고 있었던 노래 '우리 집사람'도 선보였다. 아내에게 감사하는 마음을 담은 이 노래를 모르는 사람은 없다. 내 옆에서 공연을 보고 있던 어린 아이조차 읊조리고 있었다. 이 노래를 불렀던 남자가수인 김운삼은 젊은 여성에게 인기가 많았다.

단, 이러한 공연도 입장표의 할당이 있어서 언제나 자유롭게 볼 수 있는 것이 아니다. 보통사람들은 오로지 토 · 일요일과 축일(명절)에만 방영되는 만수대TV를 낙으로 삼고 있었다. 이 채널은 중국과 러시아와

데이트를 즐기는 커플(2011년 8월)

같은 우호국이 중심이면서 외국의 영화와 드라마가 방영된다. 유럽 축구시합과 다큐멘터리 등의 프로그램도 있기 때문에 세계의 사정을 알고 싶은 사람들에게는 토·일요일의 만수대TV는 커다란 즐거움의 하나이다.

2011년에 체류했을 때에는 중국의 TV드라마 '강철년대鋼鐵年代'가 시민 사이에 인기였다. 한국전쟁 전후부터 대약진, 문화대혁명기(1966~1976)를 무대로 국가건설에 착수한 사람들의 분투를 그린 드라마다.

드라마는 더빙영상이 아닌 자막방송이었다. 현지 사람에게 들어보니, 이전에는 중국드라마는 더빙으로 방송되고 있었는데, 얼마 전부터 자막을 넣은 영상으로 바뀌었다고 한다. 같은 무렵《노동신문》에서는 중국인

여가로 배구를 즐기는 남흥청년화학연합기업소 종업원들(2010년 9월)

의 인명과 지명이 조선어 독음에서 중국어 독음으로 바뀌어 있었다. 당시는 김정일 국방위원장이 1년 동안에 세 번 중국을 방문하는 등, 북중 관계는 일찍이 없던 밀월의 시기였다. 그것을 반영한 움직임이었는지 모르지만, 이 중국어 독음은 머지않아 원래의 조선어 독음으로 되돌아 갔다.

당국도 묵인하는 부업

북한 사람들은 급여만으로 어떻게 생활하고 있는 것일까? 언제나 그런 의문을 품고 있었다. 그래서 어느 중년 여성에게 물어보았더니, 다음과 같이 말해주었다. "어느 누구도 급여만으로 살아갈 수 있다고는 생각하지 않습니다. 부업을 해서 일하는 몫만큼 보수를 받을 수 있다면 모두

고구려의 시조 주몽의 산소 동명왕릉에 소풍하러 온 여성들이 서로 자기들의 모습을 찍고 있다
(2011년 9월)

가 그렇게 합니다."

최근에는 물가에 맞는 적절한 급여를 지불하는 곳도 늘어난 것 같은데, 내가 자주 북한에 갔던 2010년대 초에는 급여만으로는 도저히 생활할 수 없었다. 어쨌든 시장에서 쌀을 1킬로그램 사면 월급이 모조리 날아가 버린다. 물론 공급시스템이 정상으로 가동하면 적어도 급여만으로도 최소한의 생활은 할 수 있다. 그렇지만 이제 그런 것에 의지할 사람은 거의 없었다.

그러면 어떻게 부족분을 채우는 것일까, 부업이다. 30대의 어느 남성이 말하기를 당국도 부업은 묵인하고 있다고 한다. 일시적인 것이므로 눈 감아 주고 있지만 지나치게 눈에 띄지 않게 하라는 방침인 것 같다. 국가가 국민의 생활 전반을 책임지지 못하는 이상, 부업 정도는 봐도 못 본 척하는 것이 당연할 것이다.

예를 들면 어떤 부업이 있을까, 현지에서 몇 사람에게 물어보았다.

북한의 이과계열 명문대학인 김책공업종합대학* 출신의 어느 여성기술자는 가정주부이면서 한편으로는 컴퓨터 관련분야의 부업을 하고 있었다. 은퇴한 고령자들은 강에서 낚은 신선한 생선을 요리점에 팔아서 돈벌이를 하는 일도 있는 것 같다. 평양 시내를 흐르는 대동강에서는 강태공들을 많이 만날 수 있었는데 그런 사정이 있었다니. 2008년 당시에는 해외수출용 편물과 재봉을 집안에서 하는 주부들도 있었다. 지금은 유엔 안보리 제재로 인해 이러한 부업은 한풀 꺾였는지 모른다. 대학 교원 등은 가정교사를 하거나, 모두가 각각 자신의 "재능"을 살린 부업에 종사하고 있다.

다만, 북한에서 세대주는 반드시 원래의 직장에 출근해야만 한다. 세대주는 대부분이 남성이지만, 남편과 사별하거나 이혼해서 혼자 사는 여성도 세대주로서 취급된다. 그녀들도 직장에 갈 의무가 있기 때문에 부업을 할 수는 없다. 제일 힘든 사람은 혼자서 아이를 키우는 한부모이다. 부업도 불가능하고 얼마 안 되는 급여를 받기 위해 국가가 정한 직장에 매일 통근해야만 하기 때문이다.

북한에서 가장 유명한 아나운서

분홍색 저고리에 검정 치마가 그녀의 단골 의상이다.

북한에서 제일 유명한 여성아나운서 리춘희 씨는 꼭 이 의상을 입고 화면에 등장한다. 그리고 김정은 위원장의 활동에 관한 뉴스를 소리 높여 낭독한다. 그 독특한 화법은 일본을 비롯한 각국에서도 유명하다. 지

• 평양시 중구역 교구동 대동강 기슭에 있는 이공계 종합대학이다.

조선중앙TV에서 핵실험성공을 전하는 리춘희 씨(2016년 9월)

금도 김정은 위원장의 활동과 핵·미사일실험 실시 등 국가의 중요한 뉴스를 전할 때에는 반드시 그녀가 등장한다. 74세인 지금도 원기가 왕성하고 발랄하다.

1996년 그녀를 인터뷰하였다. 리춘희 씨는 영화연극대학 배우학부를 졸업 후, 1966년에 조선중앙TV에 배속되었다. 조선총련의 대외용기관지《조선시보》(1996년 10월 17일자)에 내가 쓴 기사에서는 '이 길 30년의 베테랑이지만, 하루에 3시간의 화술훈련은 빠지지 않는다.'고 말했다.

리춘희 씨는 배속된 초기부터 최고지도자의 활동에 관한 뉴스를 읽어 왔다. 북한에서는 뉴스마다 아나운서가 정해져 있어, 최고지도자의 동정에 관한 뉴스를 읽을 수 있는 아나운서는 가장 잘하는 사람이 담당한다고 한다. 나의 인터뷰에서 그녀는 "얼마나 위엄 있게 (김정일) 비서(당시)의 활동을 전할 수 있을까 노력하고 있다."라고 답했다. "아나운서는 목소리와 동시에 정치적으로 민감한 감각이 중요하다."고 말하며《노동신문》을 비롯한 국내에서 발행되는 모든 신문을 훑어보고 있다는 일화를 들려주었다.

그런 그녀가 당시, 뉴스를 읽을 때에 가장 명심하고 있는 것은 '과장된 화법을 피하고 자연스럽게 말하는 것'이었다. TV화면에서 '미사일 발사'와 '핵실험 성공' 등의 뉴스를 소리 높여 낭독하는 지금의 모습에서는 도저히 상상할 수 없다. 지금 그녀에게 '어디가 자연스러워?'라고 추궁하고 싶어지지만, 실제로 인터뷰할 때에는 조용한 대화법으로 느긋하고 대범한 인상을 받았다. 타이완 TV방송국이 리춘희 씨를 인터뷰하는 영상을 볼 수 있었는데 싱글벙글 웃으면서 소탈하게 말하는 모습이 인상적이었다. 이쪽이 본래의 리춘희 씨의 모습일지도 모른다.

간식으로 배급되는 롯데 초코파이

'초코파이가 먹고 싶습니다.'

2017년 말, 판문점 경유로 탈북하다가 총격을 받으면서 한국으로 넘어온 북한의 인민군 병사는 수술 후의 첫마디로 이렇게 말했다고 한다. 한국의 신문 《동아일보》(전자판, 2017년 12월 1일자)가 보도하였다.

초코파이라는 것은 촉촉한 두 개의 과자에 마시멜로인지 크림인지를 끼워 넣고 초코릿으로 코팅을 한 한국의 과자다. 2011년 8월 말, 일본과 북한 어린이들의 교류모임이 있다고 하길래 평양시의 릉라초등학교를 방문하였다. 어린이들의 문화공연을 본 후, 친목회가 열렸다. 일본에서 온 손님을 대접하려고 음료수와 과자가 제공되었는데 북한산 사이다와 주스, 콜라에 섞여서 한국제품인 초코파이가 나왔다.

현재는 폐쇄되었지만 개성공업단지에서는 2004년부터 북한 노동자들에게 간식으로 초코파이가 배급되었다. 오리온과 롯데가 유통업자를 통해 공동으로 납품하고 있었다.

그런데 2011년, 노동자가 시장에서 1만원(약 3달러)에 전매轉賣하고 있

북한의 초등학교에서 한국의 초코파이 발견

는 것이 발각되어 배급이 중단되었다. 당시 일반 노동자의 약 3~4개월
분의 급여에 준하는 금액이었다. 내가 릉라초등학교에서 목격했던 초코
파이가 시장에서 팔리고 있던 것인지 아닌지는 알 수 없다. 일본에서 손
님이 온다고 해서 평양시가 특별히 제공했던 것일 수도 있다. 어쨌든 당
시의 북한에서는 "고급스런" 과자였다. 일반시민은 엄두도 내지 못한 것
이었다.

　같은 시기에 동해안에 위치한 농촌지대, 함경남도 함주의 어느 일가를
방문하였다. 평양에서 가져간 샌드위치를 선물로 건네자, 30대 초반으
로 보이는 그 집 주부는 잠깐 동안 가만히 보고만 있었다. 뒤집어 보기도
하고, 결국 마지막에는 냄새도 맡는 지경이었다. 나는 상한 음식을 주었
다고 오해를 받았나 싶어 순간 기분이 나빴다.

　"괜찮아요. 아직 상하지 않았어요." 그렇게 말을 건네자, 의외의 답이
되돌아왔다.

"태어나서 처음 보는 것이기 때문에 어떤 음식인가 했습니다."

2010년에 북한에 갔을 때, 안내원과 운전기사와 함께 평양 시내의 패스트푸드점 '삼대성三大星 청량음료점'*에 갔다. 싱가포르 기업과 합작으로 2009년에 개점한 가게다. 안내원은 특별히 신기해하지도 않고 고기겹빵과 감자튀김, 치킨 너겟 등을 먹고 있었다. 그는 이렇게 말했다. "우리들의 미각도 바뀌었습니다. 빵도 먹게 되었고 이탈리아 음식이나 중국 음식전문점도 있습니다."

가게 안에는 젊은이들로 가득 차 있었다. 고기겹빵을 먹기도 하고 휴대전화로 대화를 나누고 있는 젊은이들의 모습을 보니 '여기가 정말 평양인가?'라는 의문이 들 정도였다. 적어도 1980년대와 1990년대는 물론 2000년대 초에도 이런 가게에 들어가면 모두들 나를 빤히 쳐다보았다. 분명히 현지 사람과는 다른 옷차림이 생소했기 때문이었다. 그렇지만 이제 고기겹빵 가게에서는 재일교포인 내가 들어가도 특별히 관심을 갖는 사람도 없었다. 복장도 나와 그다지 다르지 않기 때문에 눈에 띠지도 않았다. 커다란 와플 사진을 장식하는 등 가게 안의 디스플레이도 참신했다. 와플도 인기가 있는 것 같았다. 평양소주를 마시면서 와플을 먹고 있는 사람을 보니 먹는 방법을 알려주고 싶었다. 김치를 팔고 있는 것도 북한답다고 생각했다.

확실히 북한 사람의 식생활도 변했다. 평양 등의 도시에서는 빵에 커피를 마시는 사람이 많아졌다. 당의 어느 간부도 '아침은 커피와 빵을 먹는 사람이 많다.'고 말했다. 옛날에는 고려호텔 안의 찻집에서도 커피를 주문하면 인스턴트커피를 타서 내왔지만, 최근에는 드립이나 커피메이

● 가게의 명목적 명칭은 '평양청량음료점'이다. '삼대성'은 싱가폴 기업 '삼대성(三大星)'이 진출해 만든 고기겹빵 가게이다.

커가 당연하다고 한다.

다만, 이것도 평양 등의 대도시에 한정된 일이었다. 앞에서도 말했듯이 지방의 농촌에서는 샌드위치를 처음 보는 사람조차 있었다. 그때부터 몇 년이 지났으니 조금은 틈새가 메워졌을까.

학자는 힘들어

대학 교원은 학생을 가르치는 입장이므로 청렴결백해야 한다. 장사를 해도 안 되고, 절대로 국가의 규칙을 어겨서도 안 된다. ─ 2010년대 초, 그런 말을 현지의 어느 대학 교원에게서 들었다. 명절(축일) 때에도 공급이 없기 때문에 생활이 대단히 어렵다. 그렇기 때문에 여성이 결혼 상대자로 피하고 싶은 직업의 상위가 학자라고 한다.

그러나 김정은 위원장 시대에 들어서며 학자 우대책이 마련되었다. 평양 교외에 신축 고층맨션이 줄지어 서있는 한 모퉁이가 있다. '미래과학자거리'다. 문자대로 학자에게 주택을 공급하기 위해 건설되었다. 불만투성이였던 앞에서 말한 교원에게도 국가로부터 맨션의 방 하나가 제공되었다는 이야기를 풍문으로 들었다.

'지방으로 좌천된다.' 북한에서 불만을 억누르고 있을 때 사용하는 상투적인 문구다. 학자를 그만두고 싶다고 하면 지방으로 좌천되기 때문에 싫어도 참고 계속할 수밖에 없다.

다만, 이 상투적인 문구가 통용되지 않는 경우도 있다. 그것은 부부 간의 이혼 문제에서이다. 북한에서도 이혼은 있지만 그다지 장려하지 않는다. 그렇기 때문에 재판(조정) 때 '(평양에서)지방으로 좌천된다.'라고 반쯤 위협해 이혼을 단념시키려고 한다. 안내원에 의하면 그래도 이혼하고 싶다는 여성이 있었다고 한다. 가정 내 폭력의 피해자다. 이러한 폭행의 피해자는 '죽어도 인연은 되돌리고 싶지 않다.'라고 말한다고 한다.

중국의 개혁·개방정책에서 배운다?

김정은 체제 하에서 냉랭했던 중국과의 관계는 김정은 조선노동당 위원장이 2018년 3월 방중을 계기로 급속히 개선되고 있다. 김정은 위원장은 거의 한 달에 한 번꼴로 중국을 방문해 시진핑 국가주석과의 관계를 굳건하게 하고 있다.

첫 번째 방중은 북미정상회담 개최가 결정된 직후, 두 번째는 남북정상회담 개최로부터 약 10일 후, 세 번째는 북미정상회담 개최에서 1주일 후, 마치 "동생"이 "형" 집에 보고하러 방문하는 것처럼 보인다.

그러던 중, 5월 14일에 전격 방중했던 북한 고위급참관단의 움직임이 주목되었다. 중국 국영 신화사통신新華社通信에 의하면, 박태성 조선노동당 중앙위원회 부위원장을 단장으로 하는 이 참관단에는 평안북도와 평양시를 비롯한 북한의 모든 도·시의 대표가 포함되어 있었다. 일행은 첫날인 14일, '중국의 실리콘벨리'라고 일컬어지는 베이징 시내의 중관춘中關村*을 방문했다. 김정은 위원장이 3월에 베이징을 방문했을 때에 시찰한 장소다. 15일에는 첨단농업기술의 현장인 농업과학원의 작물과학연구원과 농업과학기술전시관 등을 방문하고, 16일에는 베이징의 기초시설투자유한공사도 시찰했다.

니혼日本TV의 보도에 의하면, 시진핑 주석은 16일, 참관단과 만나 경제발전을 지원해 갈 생각을 내보였다. 한편, 단체를 인솔한 박태성 당

---

* 베이징에 있는 중국 IT기업단지이다.

부위원장은 '중국의 개혁·개방을 배워, 경제개발을 위한 새로운 노선을 지향한다.'고 말했다.

북한이 1984년에 경제개발정책의 일환으로 합영법(합작투자법)*을 제정하기 전에도, 똑같은 움직임이 있었다. 1983년에 방중했던 김정일 비서(당시)는 선전深圳,** 상하이 등 개혁·개방정책의 거점을 방문하였다. 1984년에는 북한의 지방간부 50명도 상하이·선전 등을 1개월 걸려 시찰하였다. 참관단을 파견했다는 것은 북한이 드디어 중국식 개혁·개방정책을 도입할 신호라고 해석될 수 있었다.

김정은 위원장 자신도 개혁·개방에 긍정적이라고 해석되는 발언을 하고 있다. 사상초유의 북미정상회담이 실시된 싱가포르. 회담 전날인 2018년 6월 11일 밤, 숙소인 세인트 레지스 호텔The St. Regis Singapore에 머물러 있었던 김정은 위원장은 갑자기 해안지역 관광에 나섰다. 방문한 곳은 식물원과 고급리조트 시설인 '마리나 베이 샌즈Marina Bay Sands' 등이 있다. 이 마리나 베이 샌즈는 호텔과 카지노, 컨벤션센터 등이 있으며, 공중정원으로 유명한 '샌즈 스카이파크'도 있다. 김정은 위원장은 그 '샌즈 스카이파크'에 올라 싱가포르의 야경을 내려다보았다. 《노동신문》은 다음 날짜로 이 광경을 보도하였다. 1면 전면으로 기재된 14장의 사진에는 '샌즈 스카이파크'의 훌륭한 야경도 포함되어 있었다.

"싱가포르는 듣던 바대로 깨끗하고 아름다우며, 건물들마다 특색이 있다. 앞으로 여러 분야에서 귀국의 훌륭한 지식과 경험들을 배우려고 한다." 김정은 위원장은 이렇게 감상을 말했다.

• 북한이 서방의 자본과 기술을 도입하기 위해 1984년 9월 최고인민회의에서 합작투자에 관해 제정한 법이다.
•• 중국 남쪽 광둥성(廣東省)의 해안에 있는 도시로 홍콩과 인접해 있다. 1980년 경제특구로 지정된 후 급속하게 발전하고 있다.

사실은 북한은 김일성 정권 시절부터 싱가포르를 개발모델의 하나로 생각하고 있었다. 김일성 주석은 1994년 6월 14일, "싱가포르가 많은 돈을 벌고 있는 것도 려관업과 (무역)중계업을 많이 하기 때문입니다. 우리가 (경제지구인)라선―선봉자유경제무역지대를 잘 꾸리면 싱가포르보다 더 많은 돈을 벌 수 있습니다."라고 말했다. 김정은 위원장의 머릿속에도 그러한 조부의 생각이 입력되어 있을지도 모른다.

경제개혁ㆍ개방정책을 추진하는 데에는 외자도입이 불가결하지만, 실제로 경제 제재 하에서 외자도입은 진척되지 않는다. 때문에 북한의 경우에는 경제 제재의 해제가 무엇보다도 중요하다.

4장 대동강 맥주와 개혁·개방

'공화국(북한)에는 대동강맥주, 평양맥주, 봉학맥주를 비롯하여 여러 종류의 맥주가 있다. 이런 다양한 맥주 가운데서 단연 첫 자리를 차지하는 것은 대동강맥주다.'

중국의 대표적인 맥주라고 하면 '칭다오맥주'이다. 칭다오 맥주의 역사는 깊다. 대동강맥주도 칭다오맥주처럼 세계로 수출되어, 개혁·개방의 '상징'이 될 날이 올 것을 기대해 마지않는다.

맥주는 남보다 북

대동강맥주* 공장(평양시 사동구역)에 인접한 맥주홀은 나의 '마음의 고향'이다. 2003년의 조선신보 평양특파원 당시는 바지런히 맥주공장에 다녔다. 이곳에서 마시는 생맥주 맛은 각별했다. 북한 사람들은 생맥주를 "가스맥주"라고 말하고 있었다. 한반도에서는 비어beer를 맥주라고 말한다. 가스는 거품이 생긴 모습을 표현하고 있는 것일까. 대동강맥주가 등장하기 전에는 거품이 있는 맥주는 거의 없었다고 한다. 대동강맥주가 폭발적인 인기를 얻은 이유도 "가스맥주"라는 점에 있는지도 모른다.

공장에서 맥주를 사는 방법은 다음과 같았다. 우선 계산대에 가서 계산을 마친 후, 공장 안에 쌓인 맥주 중에서 구입한 수량만큼 직접 들고 나와야 한다. 나는 거의 1주일에 한번 꼴로 100병 정도를 구입했었다. 안내원과 운전기사와 같이 마시기도 하고 회사에 온 손님에게 정성껏 대접하기도 했다. 그랬더니 냉장고에 보관해둔 맥주가 금방 떨어졌다. 그래도 이 맥주가 아주 큰 보람을 가져다주었다.

몇 번이나 말했듯이 북한에는 오락이 적다. 일을 마친 후나 휴일에 하는 일이라면 술 마시는 일 정도다. 소풍을 나간 적도 있지만, 조개 가솔

• 2000년 180년 전통의 영국 어셔즈 양조회사(폐업)로부터 양조장 설비를 인수, 독일의 건조실 설비를 도입하고, 평양직할시 사동구역 송신동에 '대동강맥주공장'을 설립하여, 2002년 4월부터 맥주를 생산하기 시작하였다. 2007년까지는 대한민국에 수출했으나 가격이 급속도로 상승하면서 2010년 5 · 24 대북제제조치로 수입 판매를 중지하게 되었다.

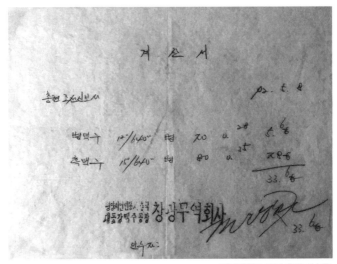
대동강맥주 구입 후의 영수증.
2003년 당시는 대동강맥주공장에 자주 다녔다.

린 구이(멍석 위에 대량의 대합을 올려놓고 휘발유를 골고루 뿌려서 불을 붙여 구워먹
는 북한의 명물요리) 등을 해서 결국에는 또 술을 마신다. 특히 여름은 대동
강맥주가 대인기였다. 취기가 오르면 북한 사람들의 입에서도 평소에는
말해주지 않는 속내가 튀어나오기도 한다. 이런 때야 말로 형식적인 취
재 때보다 재미있는 이야기를 들을 수 있었다.

맥주는 한국보다 북한이 맛있다 — 2012년 11월 24일, 영국 주간지
〈이코노미스트The Economist〉(전자판)에 '영국에서 수입된 장비를 사용해
만든 북한의 대동강맥주는 놀랄 만큼 맛있다.'라는 기사가 실렸다. 북한
맥주에 대한 기사였다. 이 기사가 한국의 맥주업계에 충격을 주었다.

북한 맥주가 확실히 맛있다. 맥주를 좋아하는 나도 북한에 갈 때마다
즐겨 마셨다. 북한에는 평양, 룡성, 봉학, 금강 등 맥주의 종류도 제법
많다. 당초 압도적인 점유율을 자랑하고 있었던 것은 룡성맥주였지만,
2002년에 대동강맥주가 등장하고 나서는 그 지위를 양보했다. 이제 "대

대동강맥주공장 안에 있는 맥주 판매소(2008년 8월)

동강맥주"는 북한을 대표하는 상품의 하나로 손꼽힌다.

〈이코노미스트〉가 전하듯이 대동강맥주공장에는 영국의 설비가 도입되어 있다. 북한은 180년 전통을 자랑하면서도 채산이 맞지 않아 폐쇄된 영국의 어셔즈Ushers 양조장(맥주공장)의 설비를 독일 에이젠트를 통해서 사들였다. 매수금액은 174억 원(중앙일보 일본어판 · 전자판, 2015년 4월 14일자)이라고 한다. 2002년 4월에 본격적으로 생산을 개시했던 초기에는 호주산 맥아를 비롯한 원료도 수입했지만, 2007년부터는 북한 국내에서 조달하였다. 보리는 곡창지대인 황해도, 홉hop*은 중국과의 국경인 양강도에서 생산, 물은 대동강의 지하수를 이용하고 있다(《조선신보》 조선어판 · 전자판, 2017년 3월 13일자).

• 맥주의 향미제(香味劑)로 쓰임.

보급이 빠른 배경에는 맥주홀

평양시 보통강구역에 있는 '경흥관' 앞에는 오후 5시 개점 전부터 이미 행렬이 줄지어 있었다. 2011년 여름에 방문했을 때의 일이다. 약 1500명을 수용할 수 있는 경흥관은 평양에서도 최대 규모를 자랑하는 맥주홀이다. 직장 동료들과 어울려 귀갓길에 잠시 들리는 사람이 많다.

'금요노동'(특별한 이유가 없는 한, 간부를 포함한 국민이 주어진 노동현장에서 땀 흘리는 것. 금요일에 실시되는 것에서 이렇게 불린다.)이 있는 금요일에는 대기 행렬의 길이가 평상시보다 길다. 남성이 압도적이지만 여성의 모습도 드문드문 눈에 띄었다. 남녀평등권법이 있으면서 유교적 남존여비가 뿌리 깊은 북한에서는 여성이 술을 마시거나 담배를 피우는 것을 좋지 않게 보는 풍조가 있었다. 과거에는 직장에서 연회가 열릴 때는 당연하게 남성 자리에만 맥주가 놓였다는 얘기도 들었다. 그렇지만 최근에는 술을 마시는 여성들도 적지 않다.

인기 있는 안주는 달피(마른명태)와 땅콩이다. 여기에서는 원료에 100% 백미를 사용한 맥주와 두 종류의 흑맥주 등, 알코올 도수(4.5~6%)와 원료 배합이 다른 7가지 종류*의 맥주를 제공하고 있다. 각각 1번에서 7번까지 번호가 붙어 있어서 손님은 번호로 주문한다. 서서 마시기 때문에 오래 있는 사람은 거의 없다. 한두 잔 마시고 훌쩍 가버리는 사람이 많다. 폐점시간도 오후 9시이므로 오래 있고 싶어도 더 있을 수 없다는 사정도 있다. 그래서 그런지 술에 취해서 주정을 하는 사람도 찾아볼 수 없었다. 아무튼 평양 시내에는 대동강맥주를 제공하는 맥주홀과 레스토랑이

---

* ① 맥아 100%, ② 맥아 70%, 백미 30%, ③ 맥아 50%, 백미 50%, ④ 맥아 30%, 백미 70%, ⑤ 백미 100%, ⑥ 흑맥주, 맛이 진하고 커피 향이 남, ⑦ 흑맥주, 맛이 부드럽고 초콜릿 향이 난다.

평양시내의 맥주홀 (2011년 8월)

150군데 정도 있다고 한다.

2011년 9월 당시의 국정가격은 손잡이가 달린 맥주잔 1잔에 50원(약 1엔), 원료가 쌀 100%인 '5번'의 맥주만은 70원이었다. 외국인과 해외동포에게는 0.5달러로 제공하고 있었다. 안내원과 마시는 2인분 맥주 4잔이 2달러, 술안주로 달피(마른명태) 한 마리에 2.5달러이다. 5달러를 건넸더니 잔돈은 북한 돈(1300원)으로 거슬러 주었다. 전년도인 2010년에 경흥관을 방문했을 때와 변함없는 가격이었다.

내가 방문했던 당시에 경흥관의 지배인은 여성이었다. 맥주홀 이외에도 결혼식장, 식당 등을 운영하고 있어 '수완 좋은 아주머니'라는 느낌이 들었다. 우리들을 접대하고 있는 사이에도 쉴 새 없이 휴대전화가 울리고 있었다. 자주 중국으로 출장 가서 장사비법을 배워온다고 한다. 지배인은 식당에서 시작한 장사가 현재까지 30년간 유지한 베테랑

대동강맥주공장 안에 있는
비어홀에서 나오는 생맥주(2008년 8월)

맥주 안주에는 북한에서 '달피'라고 불리는 마른 명태가 인기(2010년 8월)

평양호텔 종업원, 최윤주 씨가 만들어 준 칵테일

이다.

　그런 그녀가 다음과 같은 이야기를 털어놓았다. "이 사업은 존경하는 김경희 동지가 직접 지도하고 있습니다." 김경희는 고 김정일 국방위원장의 여동생이자, 오랫동안 조선노동당에서 경공업부문의 부장을 역임했었다. 남편은 2013년에 국가전복죄로 사형당한 장성택이다. 일설에는 대동강맥주공장의 건설에는 장성택이 관여하고 있었다고 하는데, 사실이라면 내외가 "맥주사업"을 진행하고 있었다는 것이 된다. 김정일 국방위원장이 직접 생산개시 직후인 2002년 6월에 공장을 방문하는 등, 맥주생산에 힘을 쏟고 있었다고 하므로 이들 내외는 김정일 국방위원장의 지시로 일하고 있었다고 할 수 있다.

　김경희는 김정일 국방위원장의 생전에 남편과 조카(김정은 당위원장)와 함께 조선인민군 대장의 칭호도 수여받았지만, 남편이 처형된 이후, 공식 활동무대에는 전혀 나오지 않고 있다.

평양호텔에서 칵테일을 마시다

블루 하와이에 스칼렛 오하라, 게다가 솔티 도그— 평양호텔 종업원인 최윤주 씨가 만들어 준 칵테일이다. 단, 솔티 도그는 그레이프 후루츠를 감당할 수 없어 오렌지로 대용했기 때문에 오렌지색이었다.

2011년 당시, 평양호텔에는 1층 식당, 2층과 4층, 5층에 "카운터"라고 불리는 바bar를 겸한 커피숍이 있었다. 층마다 "접대원"(음식점과 호텔 등에서 손님을 접대하는 사람의 총칭)이 있어, 음식과 안주 등을 준비해준다. 최윤주 씨는 평양호텔의 접대원으로서는 선임자다. 젊은 시절부터 업무에 의욕적이고 다양한 아이디어로 호텔 매상에 공헌해 왔다. 그녀가 만든 칵테일이 '맛있다'고 평판이 자자했기 때문에 2011년에 북한에 갔을 때, 손수 만들어주기를 부탁하였다. 그녀에게 허락을 받아 만드는 장면을 카메라에 담았다.

틀림없이 칵테일이었다. 세계에 내놓아도 결코 뒤지지 않을 맛이다. 들어보니 북한에서도 '칵테일 콘테스트'가 있다고 한다. 그녀는 거기서 금메달을 수상하였다. 칵테일 만드는 방법은 스스로 교본을 구해서 독학으로 배웠다고 한다. 노력해서 익힌 기술로 매상을 늘리려는 자세에 감동하였다.

그렇지만 그녀가 필사적으로 노력한 데에는 이유가 있었다. 이는 매상에 따라 달라지는 월급 때문이라고 했다. 그렇기 때문에 다른 층의 접대원들은 모두가 경쟁자였다. 그녀는 남다른 특징으로 손님을 매혹시키는 방법을 항상 연구하고 있다. 북한에서는 원칙적으로 접대원은 미혼 여성이며 결혼하면 그만두지만 최윤주 씨는 결혼 후에도 계속 일을 하고 있다. 호텔측이 그녀를 놓아주지 않는 것이다.

그런 그녀의 말버릇은 '일하는 만큼 번다.'이다. 이런 사람들이 북한에서도 늘어나고 있는 것은 틀림없다.

북한에도 폭탄주?

"싱거워서 감칠맛이 없다."

인터넷을 조사해보면 한국 맥주의 평판은 별로다. 급기야는 "북한 대동강맥주보다 맛없다."라고 외국인 기자가 악평을 하기도 한다. 어째서 맛이 없다고 하는 것일까? 생각해 보건대 그 마시는 방법에 있는 것 같다. '폭탄주'다. 폭탄주라는 것은 맥주와 위스키를 혼합한 것이다. 일반적으로는 맥주(폭약)를 따른 다음 유리컵에 위스키(전관)를 담은 작은 유리잔을 띄워 제조한다. 보통은 이것을 단숨에 들이킨다. 쉽게 취한다는 이유로 2차로 술자리를 옮겨 여흥으로 마시게 되는 일이 많다. 한국은 폭탄주를 많이 마시다보니, 제조사가 한국 한정의 폭탄주용 450밀리리터 위스키까지 만든다(《한국경제신문》 2017년 11월 21일자). 또 다른 폭탄주는 위스키 대신에 한국산 소주와 맥주를 혼합한 '소맥'이 있다. 한국 맥주의 알코올 도수는 4.2~5%. 북한과 그다지 다르지 않다.

'네이버 지식백과'에 의하면, 폭탄주의 기원은 제정러시아시대까지 거슬러 올라간다. 시베리아에 유배 간 벌목 노동자들이 추위를 이기기 위해 위스키를 맥주와 함께 섞어 마신 것에서 시작했다고 한다. 한국에는 1960~70년대에 미국에 유학을 갔다 온 군인들에 의해 전해졌다. 1980년대에 정치에 나선 군인들이 정치계와 법조계, 언론계 인사들과의 회식자리에서 퍼트렸다고 생각되지만, 1983년에 당시의 강원도 춘천지방

검찰장이 처음으로 제조해 퍼트렸다는 설 등 여러 설이 있다.

미국에는 버번위스키*와 맥주를 혼합한 '보일러공'이라는 마시는 방법이 있어 이것이 전해진 것이 아닌가 생각한다. 폭탄주용 맥주이므로 맛의 깊이가 없이 싱거워도 상관없다는 것이다. 폭탄주가 아니면 한국산 맥주는 마시지 않는 소비자도 있다고 한다.

이 '폭탄주 문화'가 북한에서도 확산되고 있는 것은 아닐까라고 한국의 〈연합통신〉이 2018년 1월 2일에 보도하였다. 북한의 국영라디오 〈조선중앙방송〉이 1일, 일기예보 프로그램 중에 "겨울철에는 체온조절을 위해 열에너지를 소모하는 일이 많아진다. 알코올류를 지나치게 마시거나, 소주와 맥주를 섞어서 마시면 체온조절에 중요한 역할을 하는 심장과 간 등에 나쁜 영향을 준다.", "소주와 맥주는 따로따로 마시는 것이 좋다."라고 경고했다. "소주와 맥주를 섞어서 마신다."는 것은 폭탄주 바로 그것이다.

확실히 2003년에 조선신보 평양특파원으로서 장기체류하고 있었을 때, 현지 사람이 대동강맥주와 평양소주를 섞어서 마시고 있는 것을 목격했다. 안내원으로부터 "남조선(한국)에서는 폭탄주라는 것이 있다지요?"라고 질문 받은 적도 있다.

2000년 6월의 김대중 대통령과 김정일 국방위원장의 남북정상회담 등 남북의 접촉이 상시화 되었을 때, 한국측 참가자로부터 북한측 참가자에게 폭탄주에 대한 말을 전했다는 얘기를 들은 적이 있다. 김정일 국방위원장도 2005년 6월에 한국측 인사와의 점심 연회자리에서 '누군가가 남에서 (폭탄주를) 배워 와서 (북에서) 유행시키고 있다.'라고 말했다는

---

* 아메리카 위스키로 그 중에서도 원료로 옥수수를 51% 이상, 연속식 증류기로 알코올 농도 40~50%까지 증류하여 내부를 그을린 새 화이트 오크통에 2년 이상 숙성한 제품이다.

이야기가 전해지고 있다.

여름의 연중행사가 된 맥주축전

'평화의 축전'이라고 일컬어지는 올림픽이 브라질의 리우데자네이루에서 개최 중이었던 2016년 8월, 북한의 평양에서는 평화의 축전이 아닌 '맥주축전'이 열리고 있었다. 이 해에 처음으로 개최된 '평양 대동강 맥주축전'이다. 국영인 〈조선중앙통신〉이 당일 보도하는 등, 북한에서도 거국적으로 힘을 쏟고 있는 것이 엿보였다. 평양에 체류 중인 외국인과 해외동포도 참가하는 "맥주 맛보기 경기" 등의 행사도 구성되어 있었다.

축전에 관해서 라디오 방송에서는 "축전의 개막은 대북 제재에 대한 대답"이라고 우렁차게 선언하는 한편, 축전에서 인사에 나선 준비위원회의 최영남 위원장(인민봉사국장)은 "대동강맥주의 경쟁력을 높여 나가는 데 의의 깊은 계기가 될 것"이라고 강조하였다. 제재 하에서도 어떻게든 수출하고 싶다는 속내를 엿볼 수 있었다.

맥주축전은 2017년 여름에도 열릴 예정이었다. 평양뿐만 아니라 북중러 3개국 국경에 설치한 경제특구인 나선에도 '나선해안 맥주축전'이 예정되어 있었고, 지방도 포함시킨 행사개최는 북한측의 축전에 대한 의욕을 충분히 느끼게 하는 것이었다. 평양의 축전에 관해서는 대중매체를 통해 적극적으로 선전도 하고 있었다. 그러나 북한은 갑자기 중지를 결정하였다. 이유는 명확하지 않지만 베이징北京에 본사를 둔 북한전문 여행사인 고려여행사에 의하면 '가뭄 때문일 가능성이 있다.'(〈연합뉴스〉 2017년 7월 24일)는 것이었다.

확실히 곡물생산은 2015년 약 548만 2000톤에서 2016년 약 497만

8000톤으로 대폭 감소하였다(FAO조사). 2012년부터 연속해서 500만 톤대를 유지하고 있었으므로 이만큼의 감소는 심한 타격이었을 것이다. 곡물에는 맥주의 원료가 되는 보리도 포함되어 있다. 그런 가운데에서도 북한은 밀을 베이스로 하는 맥주를 새롭게 개발(《조선신보》조선어판·전자판, 2017년 9월 14일자)했다고 하니, 기가 죽지는 않았다.

캔 맥주도 등장, 수출을 목표로 하지만

예전에는 북한에서도 캔 맥주가 제조되어 한국으로 수출된 적이 있다. 한국의 일간지《동아일보》1996년 5월 25일자에는 흥미로운 기사가 실렸다. 북한산 술을 전문으로 수입하는 '동우와인'이 평양낙원공장에서 생산된 금강생맥주(350㎖) 5만 개를 수입했다는 내용으로 맥주 사진도 실려 있었다. 가격은 2500원이고, 당시는 통일전망대(경기도 파주시)에서만 판매되었다. 그러나 이때는 수출용으로 극히 한정된 수량밖에 생산되지 않았다. 전력부족인 북한에서는 알루미늄 캔 맥주는 만들 수 없었을 것이다.

그로부터 20년이 지나, 북한에서 다시 캔 맥주를 생산하게 되었다. 경흥맥주이다. 하루 수용인원수 1500명을 자랑하는 북한 최대 맥주홀 '경흥관'이 판매처다. 2016년 5월에 개최된 국제상품박람회에서 첫 선을 보였고 한 달이 채 되기 전에 시중에 나오게 되었다고 한다(《중앙일보》일본어판·전자판, 2016년 6월 21일자). 북한의 일반인들도 마실 수 있게 된 것이 20년 전과는 달랐다.

대동강맥주도 캔 맥주를 제조하였다. 판매개시는 2016년 8월이다. 배합은 보리 70%, 백미 30%, 알코올 도수 5.5%의 '2번'이라고 불리는 맥주이고, 용량은 500㎖로 서민 사이에서 제일 인기가 있는 배합을 캔 맥주에 채용했다고 한다.

　김광혁 공장장은 캔 맥주를 개발한 이유에 관하여 조선신보 특파원의 인터뷰에 "평양 시뿐 아니라 양강도에 사는 인민에게도 공급된다. 폐기식 통맥주는 먼거리 수송에서 우점(장점, 북한의 철도용어)이 있다. 맥주를 신선하게 오래 보관할 수 있다."라고 대답하였다(《조선신보》 조선어판·전자판, 2017년 3월 13일자). 대동강맥주가 지방에도 유통되기 시작하였다. 2011년경에는 함경남도 함주에서 가짜가 나돌고 있는 것을 보아, 지방에서도 진짜 대동강맥주를 마실 수 있게 된 것인지도 모른다.

　그러나 캔 맥주를 제조한 진짜 목적은 다른 데 있다고 생각할 수 있다. 김광혁 공장장은 《조선신보》와의 인터뷰에서 대외시장에 내놓아도 손색없는 '대동강맥주공장을 대표할 수 있는 맥주'라고 자화자찬하였다(《조선신보》 이전에 기재). 이 말에서 유추하건대 캔 맥주는 수출을 목적으로 제조되었다고 해도 좋다. 서양인을 중심으로 한 외국인으로부터 평판이 좋은 대동강맥주는 수출품으로서 충분히 통용될 것이다.

　그렇지만 거듭되는 핵·미사일 실험에 수반되는 유엔 안보리 제재결의에 의해 북한의 거의 모든 상품은 수출이 금지되어 있다. 2017년 11월 29일에 실시된 대륙간탄도미사일(ICBM)의 실험에 의해, 같은 해 12월 22일에 채택된 결의 2397호에 의해 외국에서부터 북한으로의 수출금지 품목은 식료품·농산품·기계류·전자기기·토석류·목재류·선박으로 확대되었다. 이 결의에 의해 거의 전 품목의 수출이 금지된 셈이다. 북한이 수출 의욕이 있어도 유엔 안보리 제재결의가 있는 이상, 결코 수입하려고 하는 나라가 있을지 모르겠다. 북한이 대포동으로 상징되는 핵·미사일 개발의 길을 선택할지, '평화의 상징'인 대동강맥주의 수출이라는 길을 선택할지 국제사회가 주목하고 있는 것이다.

환상으로 끝난 미국으로의 수출

어쩌면 미국에서도 대동강맥주가 판매되고 있었을지도 모른다. 과거에 한번 미국 정부가 수입을 허가한 적이 있기 때문이다. 실현되었더라면 42만병의 맥주가 2011년 6월에 미국에 수출될 예정이었다. 그러나 같은 해 4월에 새로운 대북제재 행정명령이 발표되어 이에 걸려들고 말았다(미국 라디오 〈자유아시아방송〔RFA〕〉 2011년 4월 20일). 수출은 환상으로 끝났다.

대동강맥주를 수입할 준비를 하고 있던 사람은 재미실업가로 스티븐 박일우 씨였다. 그는 미주조선평양무역회사의 대표를 맡고 있었다. 그가 맨 먼저 손을 댄 것은 평양소주를 미국으로 수입하는 것이었다. 2003년에 미국 정부의 허가를 받은 후, 5년간의 준비과정을 거쳐 2008년 4월, 1660상자(1상자 = 24병)의 평양소주가 미국에 도착하였다. 당시의 도매가격은 한 상자 당 90~100달러였다. 레스토랑 등에서의 판매가격은 한 병에 10~12달러로 주로 뉴욕 등에서 판매되었다. 미국에서의 판매는 당스 리커Tang's Liquor Wholesales가 담당하였다(《연합뉴스》 2008년 4월 24일).

같은 해 5월, 스티븐 박 대표는 대동강맥주의 수입추진을 분명히 말했지만(《조선신보》 조선어판·전자판, 2008년 5월 12일자), 앞에서 말한 대로 실현되지는 않았다. 그 후, 스티븐 박이 대표를 맡은 미주조선평양무역회사는 2011년에 금강산관광 독점사업권을 얻는(〈MBC뉴스〉 2011년 8월 3일) 등, 북한과의 가교역할을 강화하고 있었지만, 2012년 7월 25일에 뉴욕 주정부에 의해 스티븐 박의 세금미신고를 이유로 해산 당했다고 한다.

한국에도 반입되었지만, 초계함(천안함) 침몰사건의 대항조치로써

2010년에 이명박 정권이 경제협력중단을 주장한 '5·24조치'를 발표, 개성공업단지 이외의 모든 경제교류·협력관계는 동결되고, 대동강맥주의 수입도 중단되었다.

인터넷에서 재미있는 기사를 발견하였다. 이는 도쿄도東京都 내에서 개최되었다고 생각되는 '북한 맥주를 마시는 모임'의 상황을 전한(투고일은 2015년 5월 26일) 것이다(https://www.kokkanowa.net/?p=263, 2018년 11월 3일 액세스). 한국에서 대학을 졸업하고 일본의 대학에서 공부를 계속하는 학생이 가져온 대동강맥주를 참가자가 서로 나누어 마셨다. '매운 맛의 산뜻한 맛', '중국의 칭따오靑島맥주 같다. 맥주를 별로 좋아하지 않는 사람이라도 마시기 좋다.'라고, 평판은 더할 나위 없이 좋았다.

이 기사는 대동강맥주의 입수 방법도 전하고 있는데, 이를 말한 학생은 개성공업단지에서 입수했다고 한다. 개성공업단지에서 일하는 한 한국인이 공업단지 안의 구매시설에서 하루에 한 병씩 구입했다고 한다. 가격은 한 병에 일본 돈으로 환산하면 400~500엔(4,000~5,000원)이었다고 한다. 2016년 2월, 박근혜 정권(당시)은 핵·미사일 실험에 반발해 개성공업단지의 조업중단을 선언하였다. 이것에 의해 남북간의 모든 경제교류·협력관계는 멈추었다. 마지막 남아있던 대동강맥주의 구입수단도 없어졌다.

개혁·개방의 상징이 될까

'공화국(북한)에는 대동강맥주, 평양맥주, 봉학맥주를 비롯하여 여러 가지 종류의 맥주가 있다. 이런 여러 가지 맥주들 가운데서 단연 첫 자리를 차지하는 것은 대동강맥주다.'

이런 서술로 시작하는《대동강맥주 가이드북》이 2016년에 북한의 평양출판사에서 간행되었다. 북한의 대외선전용 웹사이트 '우리 민족끼리'에 2017년 6월 9일에 업로드됐다.

　가이드북에서는 대동강맥주공장과 맥주의 종류, 대표적인 맥주홀 '경흥관' 등을 소개하며, 2016년 여름에 평양의 대동강 주변에서 실시된 '맥주축전'의 상황도 6쪽으로 나누어 실려 있었다. 흥미로운 것은 세계적으로도 인기가 있다는 점을 강조하였다는 것이다. 보이스 오브 아메리카(VOA)와 영국의 〈이코노미스트〉지, 로이타 통신 등에 절찬하는 기사가 기재된 것을 소개하였다. 국제적 평가가 좋다고 어필하고 싶은, 또 수출품으로서 손색이 없다는 것을 어필하고 싶은 목적이 훤히 들여다보였다.

　중국의 대표적인 맥주라고 하면 '칭다오맥주'이다. 칭다오 맥주의 역사는 깊다. 산둥성 칭다오山東省青島는 1898년부터 독일의 조계지가 되어 맥주를 생산해왔다. 1903년에는 독일인 투자자가 게르만맥주회사 칭다오주식회사를 시작했지만, 1916년에는 일본맥주주식회사가 공장을 매수하여 아사히, 삿포로 등의 맥주를 생산해왔다. 칭다오 주식회사는 제2차 세계대전 후, 중국의 국영기업이 되었다가 93년에 민영화되었다(맥주도감 마이나비(ビール図鑑マイナビ)). 현재는 세계 50개국이 넘는 나라에서 판매되고 있다.

　대동강맥주도 칭다오맥주처럼 세계로 수출되어, 개혁 · 개방의 '상징'이 될 날이 올 것을 기대해 마지않는다.

5장 정전(Blackout), 꺼진 전력

'우주에서 보면, 북한은 사라지고 없다?'
미 항공우주국(NASA)이 2014년 2월에 공개한 국제우주정거장 (ISS)의 크루가 동아시아 상공에서 촬영했던 야경사진을 보면 북한은 거의 암흑천지다. 평양은 작은 불빛만 조금 발산하고 있을 뿐, 이웃한 한국과 중국의 휘황찬란한 불빛과는 대조적이다.

사라진(?) 북한

'우주에서 보면, 북한은 사라지고 없다?'

미 항공우주국(NASA)이 2014년 2월에 공개한 국제우주정거장 International Space Station(ISS)의 크루가 동아시아 상공에서 촬영했던 야경 사진을 보면 북한은 거의 암흑천지다. 평양이 작은 불빛이 조금 발산하고 있을 뿐. 이웃한 한국과 중국의 휘황찬란한 불빛과는 대조적이다.

이와 비슷한 사진을 2002년에 도널드 럼스펠드 미 국방장관(당시)이 언론에 공개해서 화제가 되었다. 2005년 9월, 미국의 국영방송인 보이스 오브 아메리카는 NASA소속의 우주비행사 스콧 켈리 씨가 트위터에 게재°한 비슷한 사진을 전했다. 이 사진에도 변함없이 북한은 암흑이었다.

암흑천지인 북한. 그곳에는 어떤 광경이 펼쳐져 있을까. 함경남도 함흥과 함주 사이는 택시로 50분 거리다. 나는 1984년에 처음 북한을 방문한 이래, 그 길을 여러 번 왕복했다. 최근에는 2010년과 11년에 이 길을 택시로 달렸다.

두 곳 모두 평양을 가는 상행열차가 출발하는 시각이 한밤중이다. 함흥까지는 계속 외길이며, 가로등이 없기 때문에 불빛이라고 하면 자동차의 라이트뿐이었다. 운전기사도 헤드라이트만을 의지해 자동차를 운전한다. 익숙한 길인지 당황하지도 않는다. 가끔 걸어가는 사람이 눈에

• 나사 지구관측소는 사진을 공개하면서 북한은 너무 컴컴해서 마치 서해에서 동해까지 땅이 없이 하나의 바다로 연결된 것 같다고 밝혔다.

국제우주정거장 크루가 상공에서 촬영한 한반도
(2012년 9월)

띠지만, 자동차는 거의 다니지 않는다. 그렇기 때문에 사고가 날 걱정도 그다지 없다. 그러나 불야성인 도쿄東京에서 온 나는 '암흑이라는 것이 이런 것인가!'라는 묘한 기분이 들었다.

2011년 함주에 가로등이 세워졌다. 결코 밝다고는 말할 수 없지만, 이전보다는 나아진 것 같기도 하였다. 가로등을 보여주려고 평양에서부터 동행했던 안내원이 나를 밖으로 데리고 나갔다. 전력문제를 함주군에서 해결한 사실을 전하고 싶었을 것이다. 2010년과는 달리 도로도 포장되어 있었다. 물론 건설에 동원된 인력은 일반서민이다. 포장된 도로와 가로등은 그들의 노고의 결과다.

2011년에 자강도 희천을 방문했을 때에도 의외로 네온이 반짝이고 있어 놀랐던 기억이 있다. 그러나 우리들 재일동포 일행이 호텔을 떠날 때를 맞추어 모든 전기를 끊었다. 역시 전력사정이 개선되었다고는 말할 수 없었다.

북한에서 정전은 일상다반사다. 회중전등은 필수품이며 나도 꼭 지니고 다닌다. 그러나 2010년부터 2012년까지 북한을 방문한 기간에 머물렀던 호텔에서 정전은 거의 발생하지 않았다. 그렇지만 서민의 생활은 다른 것 같았다. 2011년 8월의 어느 날 밤, 평양시 통일거리의 아파트에 거주하는 댁에 방문했는데 정전으로 인해 엘리베이터를 사용할 수 없어, 9층까지 계단으로 올라가야만 했다. 자동차 이동이 많아 운동부족인 나는 때마침 잘 되었다고 생각했지만, 이런 일이 매일같이 반복된다면 서민은 말이 아닐 것 같다.

용무를 마치고 아래로 내려가니, 암흑 속에서 장마당이 열려 있었다. 오징어채와 달피 등의 식품과 술, 일용품 등을 할머니들이 앉아서 팔고 있었다. 암흑 속에서 사람들은 회중전등 불빛에 의지해 상품을 고르고 있었다.

이 무렵, 평양시에서도 만경대구역 등의 교외는 자주 정전이 발생하고 있었다. 북한에서는 전기를 '불'이라고 말한다. 만경대구역에 사는 안내원은 자주 "불 들어왔어?"라고 아내에게 휴대전화로 물었다.

70년 전, 북한은 한국에 전력을 보냈다

1945년 8월 15일로부터 3년간, 북한은 남한에 전력 수요의 약 70%를 송전하고 있었다. 전력이 남아돌 만큼 풍족했기 때문이다. 당시 남북은 국가로서는 분단되어 있지는 않았지만, 38선을 경계로 북은 소련의 관할 하에 놓이고 남한은 미군정 하에, 사실상 두 개의 지역으로 분단되어 있었다. 압록강 본류의 수풍댐, 압록강을 향해 흐르는 세 개의 강(부전강, 장진강, 허천강)에 설치된 발전소만으로 한반도 전체 전력량의 약 85%를 충족시키고 있었다.

그밖에도 두만강을 수계로 하는 발전소 등, 대부분의 발전시설은 북한 측에 있었다. 1945년의 남북한 발전설비용량을 비교하면 북한이 151만 5000킬로와트(kw), 남한이 23만 7000킬로와트로 약 6.4배였다(조선전기 사업사 편찬위원회편, 〈조선전기사업사〉).

그러나 북한은 1948년 5월 14일, 남한으로의 송전을 일방적으로 중단 하였다. 같은 해 5월 10일에 남한 지역에서만 실시된 단독선거에 반발 했다는 설도 있는데, 아무래도 전력대금을 지불하지 않는 미군정 당국 에게 불만이 있었던 것 같다.

당시 한국의 신문에 의하면, 북한은 10일 밤 평양방송(당시의 대남·대 외용 라디오방송)을 통해 김책 북한인민위원회 부위원장 명의의 성명을 발 표하였다. 성명은 완납기한이 지나도 전력대금을 지불하지 않는 미군사 령부에 불만을 드러내고 '(전력공급에 관한)협약을 조선인끼리로 체결할 필 요가 있다.'는 입장에서 남한대표를 14일까지 평양에 파견하도록 요청 하였으며, 응하지 않으면 전력공급을 중단할 수밖에 없다고 경고하였다 《동아일보》1948년 5월 12일자). 그러나 쌍방에 오해가 있어, 결국 송전은 중 단되었다. 남한은 심각한 전력부족에 빠졌다.

유엔 한국임시위원단(United Nations Temporary Commission on Korea, UNTCOK) 감시 하에서 실시된 단독선거에서는 제주도를 제외한 남한 전 역에서 198명의 국회의원이 선출되었다. 제주도가 제외된 것은 남조선 노동당의 영향을 받은 주민들이 단독선거에 반대해 무장투쟁을 계속하 고 있었기 때문이다. 남북협상파*도 선거에는 참가하지 않았다.

선거결과, 1948년 8월 15일에 대한민국이 수립되고 초대 대통령에 이

• 5·10 단독 선거에 반대하고 통일 정부 수립을 위해 정치 협상을 벌인 남북의 정치 지도자들을 말함. 남한측은 김구, 김규식이다. (VS 김두봉, 김일성.)

승만 대통령이 취임하였다. 10일 후인 8월 25일에 북한에서는 최고인민회의대의원선거가 실시되었다. 그 결과, 9월 9일에 조선민주주의인민공화국이 수립되어 초대수상에 김일성이 취임하였다. 남북분단의 시작이었다. 한국전쟁(1950~53년)을 거쳐 분단은 고정화되었다.

[도표 5-1] 북한과 한국의 발전설비용량(2014~16년)

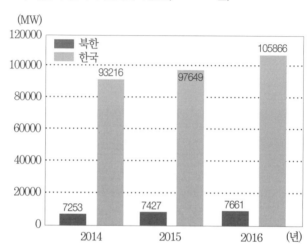

출전: 한국통계청 '북한통계'

[도표 5-1]은 북한과 한국의 최근 발전설비용량을 기입한 것이다. 그 차이는 뚜렷하다. 한국의 설비 내역을 보면, 수력보다 화력과 원자력이 큰 비중을 차지하고 있다. 남북의 전력사정은 70년 전과 달리 역전되었다.

국장에 그려진 수력발전소

'"조선민주주의인민공화국"이란 글자를 쓴 띠로 벼 이삭을 묶은 테두리 안에 웅장한 발전소가 그려져 있고, 그 위에는 오색찬란하게 빛나는 붉은 별이 있다.'

1948년 9월 8일에 의회에서 채택된 초대 헌법에서는 북한의 국장國章이 이렇게 정의되어 있었다. 그 후, 이 정의는 2번 바뀌었다. 1972년 12월에 재정된 사회주의 헌법에서는 발전소에 수력이 붙고 수력발전소라고 변경되었다. 1992년 4월에는 수력발전소 위에 백두산이 명기되었다. 게다가 백두산

북한의 국장(출전: '내 나라' 홈페이지)

을 '혁명의 성산聖山'이라고 정의하였다. 별도 '오각성五角星'이라고 기록하였다.

조선컴퓨터센터(KCC)*가 운영하고 있는 포털사이트 '내나라'**에 의하면 백두산과 오각성은 '항일혁명투쟁의 혁명전통'을, 수력발전소와 벼이삭은 각각 공업과 농업의 위력을, 붉은 띠를 테두리로 하고 국장을 타원형으로 한 것은 조선노동당과 수령領袖의 주위에 인민이 단결한 모습을 상징하고 있다고 한다.

북한이 정식으로 건국을 선언하기 전인 1948년 7월부터 9월까지 사용되고 있었던 국장에는 발전소가 아니라 용광로가 그려져 있었다. 발전소로 바뀐 것은 김일성 · 김정숙 부부의 제안에 의한 것이었다. '김정숙 동지께서는 국장을 북남조선 인민들 모두에게 접수될 수 있게 위대한 수령님의 새 조국건설구상이 잘 반영되게 만들어야 한다.'는 입장에서 용광로 대신 수력발전소와 철탑을 그리도록 지시했다고 한다('내나라' 사이

---

* 평양시 만경대구역에 있는 국가컴퓨터프로그램산업의 중심기지이다.
** 조선민주주의인민공화국의 포털 사이트로, 조선콤퓨터쎈터(조선컴퓨터센터)에서 서버를 관리한다

트). 실제 이 수력발전소의 모델은 수풍발전소라고 한다.

수풍발전소(발전설비용량 60만 킬로와트)는 중국과 북한의 국경을 흐르는 압록강에 있다. 일제강점기하에서 만주국[•]과 조선에 전력을 공급하기 위해 1944년 3월에 준공하였다. 수풍댐을 포함한 총공사비는 조선질소비료(2011년에 JNC(신일본질소주식회사)설립, 줄여서 칫소Chisso라고 명명함)가 부담하고 발전기의 제조에는 도쿄 시바우라 전기東京芝浦電気(현 도시바東芝)가 그 일을 맡았다. 이 발전소는 현재에도 전력생산에 주력하고 있다. 현재의 발전설비용량은 63만 킬로와트로 북한에서 최대다.

김일성 내외는 '북남조선 인민들 모두에게 접수될 수 있는' 것으로 어째서 수풍발전소를 선택한 것일까. 전술했듯이 북한은 단독선거 실시에 반발해 단전할 때까지, 건국 전의 한국측 지역에 전력을 보내고 있었다. 북한의 풍부한 전력량을 상징하고 있던 것이 수풍발전소다. 일제강점기에 건설된 세계최대급 발전소의 존재는 북한지역뿐만 아니라 한반도 전역에 알려져 있었을 것이다. 김일성은 경제의 근간을 이루는 전력을 움켜쥐고 있는 것은 북한이라는 것을 강조하고 싶었을지도 모른다. 그러나 일제강점기에 만들어진 발전소가 지금까지 최대라고 말하는 것은 그 후의 북한의 전력사정을 고려하면 상징적이다.

극비자료에서 알 수 있는 것

내 앞에 북한의 공업종합출판사에서 간행된 한 권의 책이 있다. 표지에 '절대비밀(극비)'이라고 적힌 『우리나라 수력자원』이라는 자료에는 현

• 일본이 1932~1945년 사이에 중국 동북지방에 세웠던 국가로 일본은 만주사변을 일으켜 32년 3월 1일에 만주국의 독립을 선언하고 청(淸)의 마지막 황제 푸이(溥義)를 국가 원수에 해당하는 집정(執政)에 앉혔다.

존하는 수력발전소와 앞으로의 수력발전소 건설계획이 발전소의 이름과 함께 구체적으로 언급되어 있다. 간행년도는 1992년으로 비록 오래되었지만 구체적인 수치가 자세하게 기록되어 있어 흥미롭다.

'(수력발전소는) 자금과 노력이 많이 들지만, 한번 건설하여 놓으면 원가를 적게 들이고도 전력을 계속 생산할 수 있기 때문에 화력발전소보다 유익합니다.'라고 강조하는 김정일 국방위원장(당시는 비서)의 말도 실려 있다. 북한에서는 크고 작은 강이 많으므로 이것을 이용해야만 한다는 것이다.

조선사회과학원 경제연구소의 리기성 교수도 2011년에 나에게 해준 강의에서 '수력 6에 대한 화력은 4'의 비율이라고 했다. 북한 당국이 화력발전보다 수력발전을 중시하고 있는 것을 알 수 있다. 구성비를 보면 2010년은 수력이 56.8%이고 화력이 43.2%, 2011년은 수력이 57.2%로 화력이 42.8%(한국통계청)이므로 리기성 교수가 말하듯이 대략 6 대 4라고 해도 좋을 것이다.

『우리나라의 수력자원』에 의하면, 1992년의 단계에서 북한에 있던 수력발전소는 649개소이고 발전설비용량의 합계는 320만 8730킬로와트이다. 앞으로 3176개소(발전설비용량의 합계는 867만 9680킬로와트)에 발전소 건설을 계획하고 있어 최종적인 발전설비용량은 1188만 8410킬로와트가 될 것이라고 추산하고 있었다. 이 중에는 총 발전설비용량 10만 킬로와트 이상의 대규모 수력발전소가 12개소 포함되어 있으며 희천발전소와 금강산발전소(나중에 안변청년발전소라고 개칭)의 이름도 있다. 이 만큼 전력을 생산할 수 있게 되면 북한의 전력사정도 훨씬 개선될 것이 확실하다. 여기에 화력도 더해지면 용량은 더욱더 증가한다.

그렇지만, 지금 단계에서 발전설비용량은 700만 킬로와트대에 머물고 있다. 그런데도 1992년의 약 320만 킬로와트에 비하면 발전설비용량은 배 이상 증가했다. 역설적으로 유엔 제재결의가 화력발전소의 가동을 향상시키고 있다는 지적도 있다. 제재에 의해 중국으로 수출할 수 없게 된 석탄을 화력발전의 연료로 사용하고 있다고 한다. '각지의 화력발전소에서는 10월 8일 현재, 전년대비 1만 킬로와트 증가의 전력을 생산했다.'(《조선중앙통신》 2017년 10월 11일)라고 전했다. 2018년부터는 평양화력발전소 등에서 전력생산이 증가하고 있다고 전해졌다.

한편으로 북한은 1954년 옛 소련의 협력으로 원자력개발을 시작했다. 1956년에는 옛 소련과 '원자력연구협정'을 체결하였으며, 1959년에는 중국, 소련과 '원자력의 평화적 이용에 관한 협력의정서'에 조인하였다.

원자력연구계획을 결정한 것은 1961년 9월의 제4차 조선노동당대회다. '원자력을 생산할 목표로 연구를 실시한다.'라는 김일성 주석의 지시를 받고 1960년대 중반부터 영변(평안북도) 지구에 종합적인 원자력 연구 거점을 설치하였다. 평양 등 각지에도 원자력연구소, 방사선보호연구소, 방사성동위원소이용연구소 등이 건설되었다. 1965년에는 소련으로부터 도입한 실험로가 임계에 달했다. 1974년 3월에는 최고인민회의(국회) 제5기 제3차에서 '핵에너지의 평화이용을 위한 연구, 개발'을 주장한 원자력법을 제정하였다. 1985년 12월에는 핵확산금지조약(NPT)에도 가맹하였다. 한편으로, 북한은 황해북도 평산지구 등에서 우라늄광산을 개발함과 동시에 전국 각지의 연합기업·공장을 동원해 원자력발전소 건설을 추진해왔다(《조선중앙통신》 1992년 4월 11일).

북한에서 최초의 실험용원자로(출력 5000킬로와트)는 1986년 영변에 건설되었다. 이 경험을 바탕으로 출력 5만 킬로와트와 20만 킬로와트의 원자력발전소를 건설 중이었던 1992년 1월, 국제원자력기구(IAEA)의 사찰을 받아들이게 되었다. 북한측의 설명에 의하면 '이들 발전소가 완성되고 외국과의 교류로 건설되는 원자력발전소까지 조업하면, 2000년 무렵의 원자력 총발전설비용량은 수백 만 킬로와트에 달한다.'(《조선중앙통신》 전술)라는 것이었다.

그러나 북한이 건설하고 있었던 흑연감속로*는 핵무기의 원료가 되는 플루토늄을 생산하기 쉬웠다. 그렇다면 플루토늄을 생산하기 어려운 경수로**를 제공해 주면 흑연감속로는 해체한다.라는 것으로 미국과 북한은 1994년 10월에 경수로 제공에 합의하였다.

왜 경수로를 원했는가

'미국 대통령의 1994년 10월 20일자의 담보서한에 의거해, 미국은 2003년을 목표시한으로 총 발전설비용량 200만 킬로와트의 경수로를 북한에 제공하기 위한 조치를 주선할 책임이 있다.'

1994년 10월 21일에 체결된 제네바합의*** 1항에는 북한의 흑연감속로와 관련시설을 경수로와 교환하기 위한 협력조치가 명기되었다. 그 서두에서 미국은 북한에 경수로 2기를 2003년까지 제공할 것을 약속하였다. 첫 번째 경수로 납기까지 연간 50만 톤의 중유를 공급할 것도 포

---

* 흑연을 감속체로 이용한 원자로의 총칭. 흑연은 많이 이용되고 있는 감속체의 하나이다. 흑연 감속 원자로에서는 핵연료로 천연 우라늄 및 농축 우라늄, 냉각재로 공기, 이산화탄소, 경수(보통 물) 및 나트륨 중 어느 것이라도 사용할 수 있고, 그 조합에 따라 여러 가지 형식으로 나뉜다.
** 원자력발전에 사용되는 원자로 중 하나로 감속재로 물을 사용해서 경수로란 명칭이 붙었다. 감속재란 핵분열 반응이 서서히 일어나도록 통제하는 물질을 말한다. 경수로의 가장 큰 특징은 다른 원자로에 비해 핵무기 제조가 힘들다는 점이다.
*** 북한과 미국 간에 북한 핵문제 해결을 위해 합의한 기본 문서로 1994년 10월 21일 제네바에서 이루어졌다.

함시켰다. 경수로는 감속재로 물을 사용하는 원자로에서 농축우라늄이 연료로 사용된다. 미국에서 개발되어 세계적으로도 압도적 점유율을 자랑한다.

경수로 제공을 요청한 것은 북한 측이었다. 1993년 3월에 북한이 핵확산금지조약*에서 탈퇴한 것을 계기로 시작했던 미국과 북한의 고위급 회담 제2라운드(1993년 7월 14일~19일)에서 흑연감속로를 경수로로 교환한다는 내용을 공동보도문에 포함시켰다.

> '양측은 북한이 흑연감속원자로 및 관련된 원자력시설을 경수로로 대체하는 것이 바람직하다는 것에 관해 확인하였다. 미국은 핵문제의 최종적 해결의 일환으로 경수로의 해결이 실현될 것이라고 전제하면서, 경수로 도입을 지지하고 그를 위한 방법을 북한과 함께 탐구할 용의를 표명하였다.'

북한은 어째서 경수로를 원했던 것일까. 회담 후에 기자회견한 강석주 외교부 제1부부장(당시, 2016년 사망)은 '(경수로 도입제안은)공화국(북한)의 비핵평화정책의 투명성에 한층 더 확증을 부여한 것이고, 우리에게 핵무기개발 의향이 전혀 없다는 것을 보여준다.'라고 말하였다. 북한이 2017년까지 6차례 핵실험을 실시한 것을 보면 북한이 정말로 이렇게 생각하고 있었는지 어떤지는 검증이 필요하다. 그러나 역으로 생각하면 '핵무기 개발을 단념시키고 싶다면 경수로를 제공하라.'라고, 지금에 와서 보면 미국에게 선택을 촉구했다고 볼 수 있다.

• 1968년 7월 1일 유엔에서 채택되어 1970년 3월 5일에 발효된 다국간 조약이다. 비핵보유국이 새로 핵무기를 보유하는 것과 보유국이 비보유국에 대하여 핵무기를 양여하는 것을 동시에 금지하는 조약이다.

제네바합의에 따라 1995년 3월에는 한반도에너지개발기구(KEDO)*가 결성되었다. KEDO는 경수로 건설을 담당하게 되었지만 많이 지연되어 함경남도 금호에서 경수로의 토대공사가 착공한 것은 2002년 8월이었다. 그런데 같은 해 10월, 북한이 고농축우라늄시설을 건설하고 있던 것이 발각되며, 제2차 핵 위기가 발발했다. KEDO의 중유제공 중단으로 북한은 NPT에서 재차 탈퇴를 표명하였다. 2003년 12월, KEDO는 경수로 건설공사를 정식으로 중단하였다.

북한외무성이 성명을 통해 '자위를 위한 핵무기 제조'를 선언한 것은 2005년 2월이었다. KEDO는 이듬해 2006년 5월, 경수로 프로젝트의 완료를 정식으로 결정하였고 북한이 첫 핵실험을 실시한 것은 같은 해 10월 9일이다.

'2012년 말까지 10만 킬로와트의 경수로발전소가 완성될 예정이다.'라고 리기성 교수는 2011년의 강의에서 이렇게 말했다. 그렇지만 경수로가 완성되었다는 이야기는 북한에서 전해지지 않았다.

만성적 전력부족의 '조력자'

'현재의 발전설비용량은 700만 킬로와트를 넘는 정도다.'

2011년 강의에서 리기성 교수는 이렇게 밝혔다. 2013년에는 북한을 방문했던 《주간 동양경제》의 후쿠다 게이스케福田惠介 기자의 인터뷰에, '발전설비용량은 750만 킬로와트이고, 2011년에는 503만 킬로와트의 발전량을 기록했다.'(《주간 동양경제》 2013년 10월 12일호)라고 말하였다. 한국통계청의 통계에서도 발전설비용량은 600만~700만 킬로와트대다. 북한의 발

• 1994년 10월 21일 체결된 북미제네바합의의 이행을 위한 국제 컨소시엄으로 1995년 3월 9일 설립되었다.

전설비용량이 서서히 올라가고 있다는 것은 [도표 5-2]에서도 분명하다.

[도표 5-2] 북한의 발전설비용량

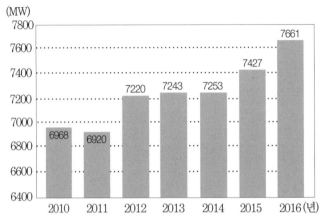

출전: 한국통계청 '북한통계'

앞의 강의에서 리기성 교수는 '우리나라에서는 일관해서 수력발전이 기본이다.'라고 하면서도 '수력(발전)과 화력(발전)의 비율은 6 대 4', 전력 공급을 늘리기 위한 대책으로서 '풍력, 태양빛(태양광), 원자력, 조력 등의 에너지를 배합하고 있다.'고 말하였다. 실제, 2008년에 풍력·태양빛발전소를 볼 수 있었다. 서해안의 항만도시, 남포시 영남의 도크에서는 풍력·태양빛발전소를 사용해 자가발전을 실시하고 있었다.

이렇게 북한에서는 자가발전으로 전력을 해결하는 공장과 기업소가 적지 않다. 나의 단골 숙소였던 평양호텔에서도 자가발전을 실시, 정전되었을 때는 그것을 가동시키고 있었다. 만성적인 전력부족을 보충하기 위해 최근에는 일반시민 사이에도 태양광발전이 보급되어 평양에서는 태양광 집열판을 장착한 아파트도 눈에 띈다고 한다.

로이터 통신은 '북한에 최근 방문했던 사람의 말과 로이터가 입수한

남포시에 있는 풍력 및 태양빛발전소(2008년 8월)

사진에서는 평양 등의 도시부에서 고층아파트의 베란다나 창에 부착된 태양광 집열판이 늘어난 것도 볼 수 있다.', '북한에 관한 정확한 통계를 얻는 것은 어렵지만, 이 나라 시가지를 최근 촬영한 일련의 사진에서는 도시형아파트의 대략 10~15%가 베란다와 창에 태양광 집열판을 부착하고 있는 것처럼 보인다.'(《로이터통신》 2015년 4월 22일)라고 보도하였다. 이 통신에 의하면 도시만이 아니라 농촌에서도 설치가 확인되고 있다.

휴대전화, 노트북 컴퓨터, TV와 DVD플레이어 등은 북한 사람들의 경우에도 이미 빠트릴 수 없는 가전제품이다. 그것을 작동시키려면 전기가 필요했으며, 이에 태양광발전은 서서히 인정받고 있다.

태양광발전의 국산화도 시작되고 있다. 북한의 최고학부인 김일성종합대학에서 태양광에너지를 이용한 제품생산의 공업화에 성공했다고 국영 〈조선중앙통신〉이 전했던 것은 2016년 3월 3일이었다. 이후 대형 버스와 유람선 등의 건조, 평양메기공장에서의 이용 등이 보도되었다.

전력부족을 보충하는데 풍력, 태양광발전이 인기

김일성종합대학에는 태양광 전지제작소도 만들어졌다. '대량생산이 가능한 공정도 완비되었다.'(《조선중앙통신》 전술)라고 말하지만 실제로는 아직 완비되지 않았으며, 북한에서 나돌고 있는 태양광 집열판의 대부분은 중국산이다. 북한의 시장에서는 20와트의 태양광 집열판이 30달러에 거래된다고 한다(《중앙일보》 일본어판 · 전자판, 2016년 3월 8일자).

과연 태양광발전은 만성적 전력부족의 "조력자"가 될 것인가.

평양전용의 희천발전소

'김정일 국방위원장이 건설을 직접 발의하고 몇 번이나 현지지도차 방문했던 희천발전소.'

나도 2010년 9월과 2011년 8월 두 차례 현장을 방문했다. 북한이 총력을 기울여 건설하고 있던 수력발전소도 자강도 강계시(도청소재지)로 흐

황해북도 사리원시 미곡협동농장 농장원의 집안. 컴퓨터가 보인다(2008년 8월)

르는 장자강(용림군) 유역과 청천강(희천시) 유역에 건설되었다. 2001년에 착공했지만, 경제난 등을 이유로 방치되었다. 2009년 3월에 공사를 재계하고 3년 후인 2012년 4월에 조업을 개시하였다. 건설에는 많은 조선인민군병사가 동원되었다. 군복을 입은 현장책임자의 설명에 의하면 1호와 2호에서 합 30만 킬로와트의 전력이 생산가능하다고 한다.

희천발전소의 전기는 평양으로 직접 보내진다. 이를 테면 '평양전용의 발전소'이다. '발전기(한 개의 호에 3대 합 6대)를 움직이기 위한 동력과 도중의 누전으로 마이너스되는 분량을 계산하면 평양으로 오는 양은 21만 킬로와트 정도일 거'라고 차가운 시각으로 보는 사람도 현지에는 있었다. 지금까지도 대규모 발전소가 건설되어 왔지만, 전력사정은 도무지 개선되지 않기 때문에 시민은 그다지 기대하지 않는 것 같았다. 확실히 최근에는 희천발전소에 관해서는 전혀 보도되는 것이 없다.

발전소 건설은 2단계로 나누어 실시되었다. 제1단계는 본체, 제2단

북한이 국민을 총동원하여 건설에 착수했던 희천 2호발전소(자강도)

계는 청천강 단계식발전소이다. 이 발전소의 착공은 2013년 1월이고, 2015년 11월에 준공하였다. 청천강을 따라 총길이 77킬로미터의 구간에 설치된 10개의 중소형 발전소로 구성되어 있다. 각각의 이름은 '희천발전소 3~12호기'다. 총 출력 12만 킬로와트이므로 희천발전소 전체의 발전력은 42만 킬로와트가 된다.

북한 측의 설명에 의하면 여기에서 생산된 전기도 모두 '직통 송전선을 통해서 평양으로 보내진다'(《조선신보》 조선어판 · 전자판, 2014년 12월 11일자).

최근, 평양에는 만수대지구의 창전거리와 미래과학자거리, 려명거리 등의 뉴타운이 계속해서 탄생하고 있다. 신축된 타워맨션과 상점, 레스토랑 등이 늘어선 큰 길은 밤이 되면 형형색색의 네온사인이 빛난다. 평양 토박이들의 자랑거리 중 하나가 이 "야경"이다. 그러나 아름다운 야경을 유지하는 데는 전력이 필요하다. '희천발전소 덕분'이라고 여겨지지만, 어느 측면에서는 지방이 희생되어 있다.

중국은 정말로 석유수출을 중지한 걸까

'중국이 북한에 보내는 석유공급을 완전히 정지, 혹은 북중 국경을 봉쇄하였을 경우에도 북한에 의한 추가 핵실험과 미사일 발사를 저지할 수 있을지 어떨지는 불투명, 오히려 양국간의 대립이 일어날 가능성이 높다.'

'그렇다면, 북중 대립은 북미 간 대립을 뛰어넘을 것이며, 한반도의 중심적인 문제가 될 것이다. 이것에 의해 미국과 한국은 북한 핵문제의 책임을 당당히 중국에 전가할 수 있게 되고, 중국의 국익에 어긋나는 상황이 된다.'

중국공산당 기관지인 《인민일보》 계열의 《환구시보環球時報》는 2017년 9월 3일자에 이렇게 지적하였다(베이징 · 로이타, 2017년 9월 3일자).

그러고 나서 약 1주일 후인 11일, 유엔 안보리는 북한의 제6차 핵실험에 대한 조치로 제재결의를 채택하였다. 이 결의에서는 석유가 처음으로 제재대상이 되었다. 미국이 제시한 당초 방안에서는 전면 금수禁輸였지만, 최종적으로는 휘발유 등의 석유정제품은 200만 베럴, 원유는 400만 베럴(현행)의 대북수출상한이 설정되었다.

통계상으로는 중국이 북한으로의 원유수출은 2013년이 마지막인데, 그 후도 비공식적으로 계속 공급하고 있었던 것은 아닌지 의심스럽다. 전면 금수에서는 없던 수출상한이 설정된 것도 미국과 중국이 서로 양보했기 때문이었다. 그런 일도 있어서인지, 중국 상무성은 23일부터 초경질원유Condensate와 천연가스액(NGL)의 수출을 금지시켰고, 10월부터는 석유정제품의 수출을 제한하였다. '수출상한에 가까워지면 금수로 정한다.'라고도 표명하였다(《지지통신》 2017년 9월 23일).

제재 영향은 이미 나타나고 있었다. 소식통에 따르면 2017년 9월의 휘발유 값은 15킬로그램(약 19리터) 당 30달러였다. 쿠폰 1장으로는 15킬로그램과 교환할 수 있지만, 공급이 제한되어 쿠폰 1장만 사용할 수 있게 되었다. 같은 시기, 주유소에서 근무하는 종업원은 AFP기자에게 '어제는(1킬로) 1.90달러였는데, 오늘은 2달러', '가격은 더욱 올라갈 것이다.'라고 말했다(AFP=지지, 2017년 9월 24일).

휘발유의 가격인상으로 언제나 힘겨운 사람은 자동차 운전기사들이다. 최근에는 운송업도 왕성하기 때문에 그런 사람들의 경우에는 사활이 걸린 문제이기도 하다. 한편으로 북한에서는 만성적으로 석유와 석유정제품이 부족한 것도 사실이다. 2008년 여름에 북한을 방문했을 때에도 때마침 원유가격이 폭등한 영향이 전면에 부상하고 있었다. '모처럼 조금 편해졌다고 생각했더니 원유가격이 치솟아 또 힘들게 생겼습니다.'라고 어느 운전기사는 한탄하고 있었다.

북한에 체류할 때, 일요일은 기본적으로 '차 없는 날'이었다. 평일 오후 6시 반 이후도 특별한 경우를 제외하고 자동차 운전은 금지였다. 2011년 여름에 북한에 갔을 때에도 9월부터 갑자기 '야간운전금지령'이 발령되어 오후 6시 반 이후, 야간통행허가증이 없으면 자동차는 달릴 수 없었다.

중국이 정말로 북한에 석유수출을 금지했는지 어떤지는 알 수 없다. 다만, 2012년에 중국과 북한의 국경지대인 양강도에서 휘발유를 파는 중년여성을 만났던 적이 있다. 평양과 지방의 대도시와는 달리, 지방의 소도시에서 주유소를 찾기란 매우 힘들다. 자동차 운전기사는 휘발유가 떨어졌을 경우에는 어디에서 조달하고 있는 것일까?라는 의문을 품고 있었다. 그런데 의문이 해결되었다. 중년 여성이 자기 집에서 깡통에 넣은 휘발유를 가져와서 차에 넣고 있었다. 그런 집이 몇 채나 있는 것 같았다.

《아사히신문》 기자가 취재했던 양강도 출신의 새터민에 의하면 국경을 흐르는 압록강 근처 일대는 '밀수촌'이라고 불린다. 100세대 이상이 밀수에 종사하고 있었다. 중국측은 약초와 금속, 북한측은 금, 쌀, 휘발유 등을 요구했다고 한다(《아사히신문》 2017년 9월 13일자). 내가 목격한 여성이 밀수에 관여하고 있었는지는 알 수 없다. 다만, 거래는 중국 돈이 사용되고 있었다.

2017년 11월의 ICBM '화성15' 발사실험에 의해, 같은 해 12월에 채택된 유엔 안보리의 추가 대북제재결의에서는 석유정제품의 수출한도를 연간 50만 배럴로 제한하였다. 북한으로의 수출 약 90%를 차지한다.

미국의 트럼프 대통령은 2018년 6월 12일의 북미정상회담에서 북한의 김정은 조선노동당위원장에게 북한의 미래 영상을 보여주었다. 암흑천지인 북한이 휘황찬란하게 빛나는 모습을 재현한 것이다. '핵을 포기하면 이런 밝은 미래가 기다리고 있다.'라는 트럼프 대통령의 메시지를 김정은 위원장은 어떻게 받아들였을까.

6장 남북경제협력과 문재인 정권

'문 대통령이 오시면 솔직히 걱정스러운 게 우리 교통이 불비해서 불편을 드릴 것 같다.'

(북한에서) '평창올림픽 갔다 온 분이 말하는데 평창 고속열차가 다 좋다고 하더라. 남측의 이런 환경에 있다가 북에 오면 (우리들이) 참 민망스러울 수 있겠다.'(김정은)

'이제부터 북과 철도가 연결되면 남북 쌍방이 고속철도를 이용할 수 있다.'(문재인)

청와대에 의하면, 2018년 4월 27일의 회담에서 남북정상은 이런 대화를 주고받았다.

김정은 조선노동당위원장으로부터는 이런 발언도 튀어나왔다. '(평양에는) 고저 비행기로 오시면 제일 편안하시니까, 우리 도로라는 게 아까도 말씀드렸지만 불편하기 때문입니다.'

북한의 최고지도자가 자국의 인프라가 제대로 갖춰져 있지 않음을 솔직하게 말하는 것은 보기 드문 일이었지만, 한국의 협력으로 인프라를 정비하고 싶다는 본심을 엿볼 수 있다.

70년대에 역전한 남북의 경제관계

　'한국 정부는 북측 방문자들을 최근 개통한 고속도로로 안내하였다. 고속도로는 서울에서 한반도를 남으로 곧장 내려와 부산까지 뻗어있었다. 정부의 요청대로 평소보다 교통량이 많아 보이도록 서울주민은 목적지가 없어도 자동차로 고속도로를 달렸다. 그리고 교통운수회사도 서울시민과 마찬가지로 대형 트럭이 고속도로를 달리도록 하였다. 북측 방문자들은 이 차량동원의 정보를 눈치 챈 것 같다(이런 종류의 동원은 평양에서는 당연하다). 그래서 그들은 남측 대표단 책임자에게 번영을 강조하기 위해 "온 나라의 자동차를 전부 서울에 모은 것은 대성공이었습니다."라는 축하를 보냈다. "힘들었습니다. 그래도 고층빌딩을 전부 모아 여러분에게 보여드릴 만큼의 어려운 일은 아니었습니다."라고 남측 책임자는 되받아쳤다.'

　1972년 7월 4일, 북한과 한국은 분단 후 첫 공동성명(7·4 남북공동성명')을 발표하였다. 그 2개월 후인 9월에 북한대표단이 한국을 방문했을 때의 일화다. 미 워싱턴 포스트The Washington Post 전직 기자로 저명한 저널리스트인 돈 오버도퍼Don Oberdorfer 씨의 저서『두 개의 코리아The Two Koreas: A Contemporary History』'특별 최신판'*(菱木一美 번역)에 소개되

---

* 워싱턴 포스트지 기자인 돈 오버도퍼는 미군의 '노근리 학살사건'에 대한 미 국방부 자문위원이었으며, 그의 획기적인 책『두 개의 코리아』에서 지난 40년에 걸친 한국의 성쇠와 역동적인 국제 관계 등에 관해 흡인력 있는 묘사로 남북한 간의 긴장을 해석했다. 미국 최고의 남북한 문제 전문가인 로버트 칼린과의 공조를 통해 2001년 최신 개정판이 나왔다.

어 있다. 한국이 자국의 경제성장 모습을 얼마나 북한에 과시하려 했는지 엿볼 수 있다.

남북 양측이 서로 주도권을 거머쥐려는 치열한 경쟁을 펼치고 있던 것이 배경에 있었는데, 북한의 고위급관료는 예상 이상으로 발전한 한국의 모습을 눈으로 직접 보고 깜짝 놀랐음에 틀림이 없었다.

지금은 전혀 상상이 가지 않지만, 1960년대까지는 북한이 경제적으로 한국보다 우세하였다. 그러나 1970년대에 들어서면 남북의 경제관계는 역전되었다. 가장 큰 이유는 북한이 1960년대부터 군비확장노선을 선택했기 때문이다. 북한은 쿠바 위기(1962년 10~11월)*와 통킹만 사건Gulf of Tonkin(1964년 8월)**을 목격하고, 경제건설과 국방건설을 동시에 추진하는 '병진노선'을 선택하였다. 동시에 추진한다고 해도 목적은 국방력강화에 있었다.

그 결과, 1961년부터 시작해 1968년에 종료예정이었던 제1차 7개년 경제계획의 완수는 2년 늦어져 1970년으로 미루어졌다. 당시, 북한의 국가예산에 차지하는 국방비의 비율은 30%였다. '전력사정이 얼어붙어 금년 상반기의 계획을 일부 수행할 수밖에 없었다.' 김일성 주석은 1969년 10월 27일의 연설에서 이런 앓는 소리를 하였다.

반대로 한국은 베트남전쟁특수, 한일국교정상화에 동반한 엔차관*** 등으로 고도경제성장기에 들어가 있었다. 한국에서는 1960년대 후반부터 1970년대 초에 걸쳐 실시된 제1, 2차 경제개발 5개년계획에 의해 ①

• 옛 소련이 쿠바에 핵 탄도미사일을 배치하려는 시도를 둘러싸고 미국과 소련이 핵전쟁 발발 직전까지 갔던 위급 상황을 말한다.
•• 미 해군 구축함 메덕스와 북베트남군 소속 어뢰정 3척이 조우하여 북베트남군 2척이 침몰하고 1척이 도주하였다. 문제는 2일 뒤 같은 구축함에 대해서 북베트남군이 대대적인 공격을 했다며 미국은 북베트남에 대한 선전포고를 하게 된다.
••• 정부간 협정에 의하여 개발도상국에 공여하는 일본의 공적 지원금을 말한다.

수출촉진 ② 신흥재벌 대두 ③ 급속한 외자도입이 진행되어 고도성장기를 맞이하고 있었다.

한국경제 전문인 박근호* 씨의 저서『한국의 경제개발과 베트남전쟁(韓国の経済開発とベトナム戦争)』에 의하면 한국의 급속한 경제개발을 지탱한 요인으로는 한국군의 베트남파병에 대한 담보로써 미국으로부터 유·무상의 경제 원조 지원과, 한일국교정상화 이후 일본으로부터의 차관도입이 있었다.

이러한 가운데, 1971년 7월 15일에 닉슨 미 대통령의 방중이 발표되자, 북한과 한국은 한국전쟁 정전 이래 18년 만에 대화의 자리에서 얼굴을 마주하였다. 1971년 8월부터 적십자회담을 시작으로, 1972년 7월 4일에는 남북공동성명을 발표하였다. 남북 간의 긴장완화로 북한의 1972년 국가예산에 차지하는 국방비는 전년 14.1%가 감소한 17%에까지 삭감되었고, 그 후도 같은 수준을 유지하였다. 미중 접근에 의한 데탕트 Détente**의 흐름은 남북대화를 촉진하였는데, 이 과정에서 북한의 고위급관료가 한국의 발전상을 보게 된 것은 앞에서 말한 그대로다.

한국의 고도성장을 직접 확인한 김일성 주석은 1973년의 '신년사'에서 '현대적인 대야금기지(김책제철연합기업소 —옮긴이)와 종합적인 대형화학공업기지를 건설한다.'는 것을 과제로 내놓았다. 그를 위해 일본과 호주, 영국과 프랑스 등으로부터 플랜트(공장설비)를 도입하였다. 서방진영으로부터의 공장플랜트에 의한 북한의 대외경제경책의 대상이 서유럽 여러 나라로도 넓혀지고 있었지만, 그것을 막은 것이 1973년의 제1차 석유파

---

* 시즈오카 대학(静岡) 인문사회과학부 경제학과 교수.
** 1970년대 미국과 구소련을 중심으로 한 동·서 진영(陣營) 간의 긴장완화.

동*이었다.

석유파동에 의해 선진국의 경제는 인플레와 경기후퇴가 동시에 발생하는 스태그플레이션(불황과 물가 상승의 병존 상황 —옮긴이)에 돌입하였다. 플랜트 대금은 폭등하고, 반대로 북한의 주요한 수출품인 비철금속 가격은 하락하였다. 북한은 플랜트 대금을 지불하지 못해 채무불이행에 **빠졌다**(今村弘子 저,《북한 허구의 경제(北朝鮮, 虛構の経済)》).

남북의 경제격차가 벌어지자 북한 지도부는 조바심이 났다. 김정일 비서(당시)는 1984년 2월 16일의 연설에서 남북 간에는 '경제전'이 존재하고, 그것은 '냉엄한 계급투쟁'이라고 말하였다. '경제면에서도 남조선(한국)을 압도하고 완전히 누르지 않으면 안 된다.' 김정일 비서는 당 간부에게 이렇게 독려하였지만 채무불이행에 빠진 북한이 경제를 재기하는 데는 외자도입을 하는 수밖에 없었다.

계기는 수해지원

1984년 9월 8일은 북한 당국이 두 가지의 큰 결단을 내린 날이다. 하나는 '합영법' 채택과 공포다. 이는 국내에 처음으로 외자를 도입하는 형태로 문호를 개방하는 것이었다. 다른 하나는 수해로 재해를 입은 한국 국민에게 구호물자를 보낼 것을 결정한 것이었다. 한국이 이 제안을 받아들여 분단사상 첫 북한 수해복구지원이 실현되었다.

북한 당국에게는 수해복구지원을 계기로 남북대화를 추진하고 한국과의 경제 합작 · 교류로 연결하려는 의도가 있었다. 수해복구지원 물자가 한국에 도착한 후인 10월 3일. 북한적십자의 손성필 위원장은 '이번 사

• 1973년 10월 6일 시작된 중동전쟁이 10월 17일부터 석유전쟁으로 비화됨으로써, 세계 경제는 제2차 세계대전 이후 가장 심각한 불황에 직면하였다.

건이 북과 남 사이의 다방면적인 합작과 교류를 실현하는 계기가 되기를 원한다.', '경제 분야에서도 자원을 공동개발하고 상호협력과 교류를 실현하기 위한 양측의 접촉과 대화를 실현해야 한다.'라고 확실하게 말하였다.

실제로 이 수해복구지원이 계기가 되어 같은 해 11월에는 분단 후 첫 남북경제회담이 열렸다. 경제회담에서 북한측은 1~2년 이내에 실시해야만 하는 경제합작사업으로서 ① 지하자원 공동개발, ② 어업분야에서의 합작, ③ 농업분야에서의 합작, 3가지를 제안하였다. ②에서는 '수산합영회사'의 설립도 제안하고 있어 북한 측이 한국 측과 합영(합작) 사업을 진행할 생각이 있었던 것을 알 수 있었다. 그러나 1985년 11월 20일까지 5차례 실시된 경제회담은 결국 합의에 이르지 못하고 종료되었다. 남북경제협력의 본격적인 개막은 3년 후까지 기다려야만 했다.

1988년 7월 7일, 노태우 대통령은 '민족자존과 통일번영을 위한 대통령특별선언'을 발표하였다. '7·7선언'이라고 일컬어진다. 노태우 정권의 통일외교정책의 기본방향을 나타내는 것이었다. 대對공산권 외교정책(북방정책)과 남북관계 개선을 동시에 추진하려는 노태우 정권의 생각이 반영되어 있으며 남북의 정치가와 경제인을 포함한 모든 분야에 걸쳐 상호교류의 적극 추진과 '민족경제'를 발전시킬 것 등을 제창하고 있었다.

한국이 소련과 중국이라는 사회주의 국가와 국교정상화를 지향할 것임을 명기(소련과는 1990년 9월 30일, 중국과는 1992년 8월 24일에 국교를 정상화)하고, 북한에 대해서도 미국과 일본의 관계개선에 협력할 용의가 있다고 지적하였다.

같은 해 10월 7일에는, '대북교역 관련 조치'가 발표된다. 이 조치는 남북교역(무역)을 전면적으로 해금하는 것으로, ① 민간상사(기업)의 남북

물자교류, ② 제3국을 통한 중개무역의 허가, ③ 남북경제인의 상호방문·접촉 허가, ④ 해외여행자의 북한상품반입 허가, ⑤ 교역을 통해서 한국 내에 반입된 북한 물자의 원산지 표시 및 북한상표 부착과 북한선박의 입항허가, ⑥ 안전출항 보장, ⑦ 직·간접교역을 민족내부교역이라고 간주해 관세 등 면제라는 7항목의 내용을 포함하고 있었다.

한국재벌기업인 대우는 이 조치에 따라 1988년 11월, 도자기 등 북한의 물품반입 허가를 얻었다. 12월 말까지 4건의 반입이 승인되었다. 이렇게 해서 1989년부터 남북교역이 본격적으로 시작되었다. 이와 관련해 한국과 북한의 경제관계는 국가 간의 경제관계가 아닌 특수한 경제관계에 있으므로 무역이 아닌 교역이라는 단어를 사용하였다.

[도표 6-1] 남북교역액합계(1989~93년도)

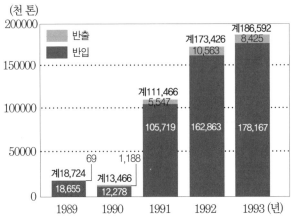

출전: 김기훈『통일과정에서의 남북교역통관체제 개편방안』통일부 통일연구원, 2015년. pp15~16에 기재된 연도별 남북교역액을 기준으로 저자 작성. 반출·반입은 한국에서 북한에 대한 금액

[도표 6-1]은 1989년도부터 1993년도까지의 남북교역액을 나타낸 것인데, 1990년도에 약간 하락한 후, 1991~1992년도에 급격한 신장을 나

타내고 1993년도에도 계속 신장하고 있는 것을 알 수 있다.

초기에는 해외 중개상인을 통해서 간접적으로 실시되어 왔지만 1990년대 중반부터는 한방약제, 농산물, 위탁가공무역 품목을 중심으로 남북 당사자가 직접 계약을 맺고 거래하는 직접교류의 비율이 늘었다. 이는 1988년의 남북교류 해금의 영향인 것이 확실하다.

더욱이 북한은 1991년 5월, 그때까지의 '1국가'라는 방침을 포기하고 남북이 유엔에 동시에 가맹하는 결단을 내린다(가맹자체는 같은 해 9월 17일). 유엔 동시 가맹은 한반도에 '두 개의 나라'가 존재하는 것을 북한이 사실상 인정한 역사적인 사건이었다. 북한이 1국 1체제에 의한 통일을 포기하고 남북은 평화공존으로 이동해 가게 되었다.

노태우 정권 시절에는 남북고위급회담 대표로서 북한과 논쟁하고, 김대중 정권 시절에는 통일부 장관을 역임한 군인 출신인 임동원* 씨가 저서 『피스 메이커』 속에 흥미로운 일화를 기록하였다.

임동원 씨에 의하면 김일성 주석은 1991년 10월 4~13일의 방중 했을 때, 덩샤오핑鄧小平**을 비롯한 중국 최고 지도자들로부터 세 가지 권고를 받았다고 한다.

① 북한도 중국처럼 사회주의체제를 유지하면서 개방과 경제개혁을 추진함이 바람직하다. ② 외국의 자본과 기술을 도입하려면 한반도의 평화로운 환경 조성이 필수적이니 조속히 남북협상을 타결짓다. ③ 미군 핵무기 철수의 호기를 활용하여 북한의 핵개발 의혹도 해소한다.

* 김대중 정부에서 통일부장관, 국가정보원장을 수행하며 '한반도 평화프로세스'를 추진했다. 2000년 6월 대통령 특사로 김정일 국방위원장을 만나 남북정상회담을 성사시키고 '6·15남북공동선언'을 채택하는 데 기여했다.
** 중국의 정치가(1904~1997). 1953년 군부 출신으로 중국 공산당 총서기가 되었고 1955년에는 정치국원이 되었다. 1967년에 문화 혁명으로 실각하였지만 1976년 마오쩌둥의 사망 후 다시 복귀하였으며, 1978년에 실질적인 당의 지도자가 되었다.

김정일 주석은 귀국 직후인 10월 16일, 노동당 정치국회의를 소집하고 남북협상의 조속한 타결, 비핵화 합의, 나진·선봉 경제특구설치에 관한 결단을 내렸다. 미국과의 관계정상화를 최우선 과제로 추진하되 이를 위해 핵문제를 대미수교를 위한 협상카드로 적극 활용하겠다는 '전략적 결정'을 내렸다.

임동원 씨는 이 이야기를 1991년 2월 초에 방한했던 중국의 어느 북한 전문가에게 듣고, 상부에 보고했다고 저서에 기록하였다. 그 후의 전개는 임동원 씨가 들었던 정보대로 진행되었다.

이미 세계에는 사회주의 시장이 없기 때문에 사회주의적 방법으로 무역을 해서는 안 되며 자본주의 시장에 진출하여 무역으로 전환해야 한다. ― 김일성 주석은 1991년 11월, 당과 정부의 경제 관료들 앞에서 이렇게 역설하였다.

'무역의 사회주의적 방법'이란 구상무역求償貿易, 우호가격 적용, 루블rouble 결제 등이다. 제1장에서도 말했듯이, 소련·동구 사회주의체제의 붕괴로 북한은 사회주의 시장을 잃었다. 북한은 경제자립을 주장하면서도, 실제로는 소련과 중국에서 원유 등을 저가의 우호가격으로 제공 받고 있었다. 자국에 없는 것을 서로 물물 교환하는 방식인 구상무역이 대외경제 관계의 중심을 이루고 있었다. 사회주의 시장을 상실한 것은 그것들을 한꺼번에 잃은 것을 의미하였다.

사회주의 붕괴라는 예기치 않은 사건 앞에 김일성 주석은 어찌할 바를 몰랐음에 틀림이 없다. 원조를 제의하기 위해 방문했던 중국에서는 덩샤오핑을 비롯한 각 방면의 최고지도부로부터 경제개혁·개방을 재촉 받고, 남북관계 개선과 핵개발 의혹 해소를 요구 받았다. 어떻게 하면 이 위기를 타파할 수 있을까. 서두의 발언에서는 그런 김일성 주석의 절

박함이 느껴진다.

1991년 12월에는 '남북 간 화해와 불가침 및 교류 · 협력에 관한 합의서'와 '한반도의 비핵화에 관한 공동선언'이 채택되었다. 남북기본합의서에는 '경제협력과 교류실현'이 포함되었다. 북한은 첫 경제특구를 최북단 나진 · 선봉에 설치하였다.

이러한 움직임은 북한이 한국과의 협력으로 경제 재생을 도모하려는 전략적 전환을 보이는 것이었다. 남북관계 정상화를 배경으로 한미합동 군사연습 중지가 발표되자, 북한은 국제원자력기구의 핵사찰을 받아들이는 등, 한반도를 둘러싼 환경은 긴장완화로 향해가는 듯이 보였다.

그러나 1993년 상황이 돌변했다. 같은 해 2월에 IAEA가 핵무기 개발 의혹이 있는 시설의 특별사찰을 요구하자, 북한은 이에 불복해 핵확산 금지조약 탈퇴를 표명하였다. 이렇게 제1차 핵 위기는 발발하였다(제7장에서 상세히 설명).

카터 전 미 대통령이 북한을 방문해 김일성 주석과 회담하여 위기는 모면하였지만, 그 직후인 1994년 7월 8일에 김일성 주석이 사망하였다. 한국 정부가 북한으로 조문을 가려는 한국 국민을 저지했던 것 때문에 남북의 정치적 관계는 악화되었다.

한편, 북미 관계에서는 같은 해(1994년) 10월, 북한의 핵개발 폐기와 이에 대한 미국이 북한에 경수로 제공 등, 북미관계 정상화를 추진한다는 내용을 골자로 하는 제네바합의가 체결되었다. 1개월 후인 11월, 한국 정부는 기업가와 기술자의 북한 방문을 허가하는 것 등을 강조한 '남북 경제협력 활성화방안'을 발표하였다. 이 방안에 따라 1995년에는 한국 내 6개 기업에게 '협력사업자 승인'이 주어지고, 이미 '협력사업자 승인'이 주어져 있던 대우에게는 투자승인이 주어졌다.

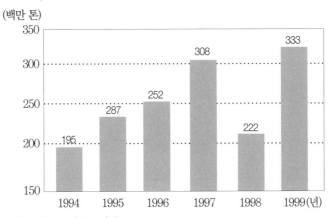

[도표 6-2] 남북교역액(1994~1999년)

(백만 톤)

출전: 한국통일부 통계자료

[도표 6-2]는 1994년부터 1999년까지의 남북교역액을 나타낸 것이다. 1994년에는 1억 9500만 달러였지만, 이듬해 1995년에는 2억 8700만 달러로 대폭 증가하였다. 1996년에는 2억 5200만 달러로 조금 줄어들었고, 1997년에 3억 800만 달러로 증가, 1998년에는 2억 2200만 달러로 다시 감소했지만, 1999년에는 3억 3300달러로 3억 달러대로 회복하였다.

이 시기, 북한은 건국 이래 전에 없는 경제적 곤경에 빠져있었지만, 남북 경제협력관계는 진전되고 있었다. 이러한 움직임은 분단 후 첫 남북 정상회담을 계기로 경제협력의 활성화로 이어졌다.

두 번의 정상회담과 경제협력

1961년 8월 13일, 동독은 갑자기 동서 베를린 사이의 통행을 차단하고 서베를린 주위를 가시철사로 둘러쳤다. 이후에 그곳에는 콘크리트 벽이 만들어졌다. '베를린장벽'이다. 1989년 가을의 동구 사회주의 붕괴에 동반한 혼란을 틈타 같은 해 11월 9일 밤에 그 벽은 붕괴되었다.

베를린장벽을 포함한 모든 국경 통과점에서 출국이 인정된다고 동독 정부가 발표하자 많은 동베를린 시민이 벽 앞으로 밀려 들었기 때문에 현장지도관이 국경게이트를 개방한 것이었다. 다음날인 10일에 장벽은 중장비 등에 의해 파괴되었다.

오랫동안 독일 분단의 상징, 동서냉전의 상징으로 남아있었던 '베를린장벽'이 붕괴한지 10년 남짓 지난 2000년 3월 9일, 한국의 김대중 대통령은 베를린 자유대학에서 연설하였다.

'지구상에서 마지막까지 남아 있는 한반도의 냉전구조를 해체하고, 항구적인 평화와 남북 간의 화해·협력을 완수하고 싶다고 생각하며 다음과 같이 선언한다.'라는 서두로 시작하는 연설에서, 김대중 대통령은 북한에 대한 4가지 항목을 제안하였다. ① 정부차원에서의 대북한 경제협력, ② 냉전종식과 평화정착, ③ 이산가족방문 해결, ④ 남북 당국 간 대화실현 등이었다.

남북 간에서는 같은 해 초부터 정상회담을 향한 실무교섭을 위한 물밑작업이 추진되고 있었다. 김대중 대통령이 베를린에서 연설하기 전날인 3월 8일에는 싱가포르에서 남북 실무자가 비밀리에 접촉하고 있었다. 김대중 대통령은 '베를린선언'의 요지를 사전에 판문점 경유로 북한에 전달해 두었다.

북한에게 무엇보다도 매력적이었던 것은 이 선언의 첫 번째 항목에 기록된 경제협력에 관한 내용이었음에 틀림없다. 김대중 대통령은 '우리 대한민국 정부는 북한이 경제적인 곤란을 극복할 수 있도록 지원할 준비가 되어 있다. 본격적인 경제협력을 실현하기 위해서는 북한의 도로, 항만, 철도, 전력, 통신 등 인프라가 확충되지 않으면 안 된다. 이러한

처음으로 실시된 남북정상회담에서의
김정일 총비서와 김대중 대통령(2000년 6월 15일, 교도)

인프라 확충과 안정된 투자환경 만들기, 그리고 농업구조 개혁은 이제
까지의 민간협력방식만으로는 한계가 있다. 지금이야말로 정부 당국 간
의 협력이 필요할 때다.'라고 경제협력을 민간차원에서 정부차원으로 끌
어올리는 제안을 하였다.

인프라 확충과 농업구조개혁은 북한이 가장 원하는 것이었다. 한국 민
간기업의 경우에도 정부의 보증이 있다면 안심하고 북한에 진출할 수
있었다. '베를린선언' 발표로부터 3개월 후인 6월, 분단 후 첫 남북정상
회담이 평양에서 실현되었다.

김정일 국방위원장과 김대중 대통령과의 사이에 실시된 정상회담에
서는 ① 화해와 통일, ② 긴장완화와 평화, ③ 남북의 교류협력, ④ 이

산가족상봉이라는 4가지 의제가 논의되었다. 정상회담을 통해 발표된 5개 항목의 공동선언(6 · 15 공동선언)에는 경제협력을 통한 남북 양측의 경제를 합친, '민족경제'를 발전시킬 것을 명기하였다. 민족경제라는 말은 김일성 주석이 1985년의 '신년사'에서 강조한 것이다. 그 후, '7 · 7 선언'과 남북기본합의서에도 포함되었다. 민족경제는 남북 간에 의견일치를 본 단어였다.

[도표 6-3] 남북교역액(2000~2009년)

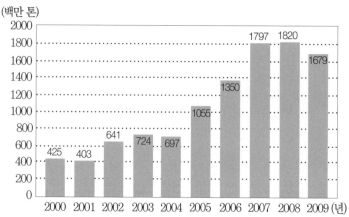

출전: 한국통일부 통계자료

정상회담을 계기로 경제협력관계는 비약적으로 발전하였다. [도표 6-3]은 2000~2009년의 남북교역액을 나타낸 것인데, 점점 수치가 커지는 것을 알 수 있다. 2005년에는 10억 달러를 돌파하고, 그 후도 착실히 신장해 2008년에는 18억 달러에 달했다.

[도표 6-4]는 2004년부터의 남북경제협력(내역은 개성공업지구, 금강산관광, 기타 경공업협력)과 그것이 전 교역액에 차지하는 비율을 나타낸 것이다. 남북경제협력부문의 교역액, 전체의 교역액을 차지하는 비율은 매

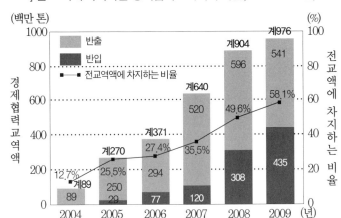

[도표 6-4] 전 교역에 차지하는 경제협력교역액의 비율(2004~2009년)

출전: 한국통일부 통계자료. 비율은 저자 계산에 의함

년 증가하고 있는 것을 알 수 있다. 특히 전체 교역액을 차지하는 비율의 증가가 현저하다.(남북경제협력 안에서도 금강산관광사업과 개성공업단지의 개발이 가장 상징적인 사업이었는데 그것에 관해서는 다음 항에서 다룬다.)

이렇게 경제협력으로 실적이 쌓여가던 중, 노무현 정권 말기인 2007년 10월에 김정일 국방위원장과 노무현 대통령에 의한 제2차 남북정상회담이 실시되었다. 정상회담을 통해서 발표된 '남북관계발전과 평화번영을 위한 선언'(10·4 선언)에서는 다음과 같은 6개 항목의 조치가 명기되었다.

① 인프라 건설과 자원개발을 적극 추진, ② 해주(황해남도의 도청소재지)지역과 주변해역을 포괄하는 '서해평화협력특별지구' 설치, ③ 개성공업지구건설 추진, ④ 공동이용을 목적으로 한 개성—신의주철도와 개성—평양고속도로의 개보수 추진, ⑤ 안변과 남포의 조선造船협력단지 건설과 농업, 보건의료, 환경보호 등 각 분야에서의 협력사업수행, ⑥ 남북경제협력추진위원회를 남북경제협력공동위원회로 격상.

김대중과 노무현 2대째 계속된 대북 유화파 정권하에서 순조롭게 진행되는 경제협력사업을 더욱더 활성화하고 지속적으로 확대발전시키기 위해 제2차 정상회담에서는 보다 구체적이고 더 깊이 파고든 합의내용이 되어 있었다. 북한이 변함없이 인프라 정비에 역점을 두고 있었다는 것도 알 수 있다. 이대로 경제협력 관계가 순조롭게 진행되어가면 남북관계는 다른 구도가 되었을지도 모른다.

그러나 같은 해 12월의 대통령선거에서 북한의 선先핵포기를 주장하는 보수파인 이명박 후보(한나라당)가 당선되어 그 계획은 중단되었다.

금강산관광과 개성공업단지

북한 동해안에 위치한 항구도시 강원도 원산은 예전에는 니가타新潟•와의 사이에서 화객선貨客船 '만경봉 92'호가 왕래하던 일로도 유명하다. 그 원산에 귀국사업으로 일본에서 북한에 건너간 전 재일조선인이 경영하는 식당이 있다. '갈매기식당'이라는 애칭으로 북한을 방문하는 재일교포들에게도 친숙하다. 갈매기식당은 불고기와 신선한 해산물요리로 유명하다. 여하튼 갈매기식당은 바로 앞에 넓고 넓은 바다가 펼쳐져 있다. 그 날 잡은 추천 어패류로 갓 만든 생선회와 탕은 일품이다.

'만경봉 92'호가 왕래하던 무렵은 승선하기 전에 꼭 들려서 먹고 가는 재일코리언으로 초만원이었다. 나도 평양특파원 시절에 금강산으로 취재하러 갈 때에는 반드시 들렀다. 원산은 금강산으로 가는 현관이 되어 있었기 때문이다.

• 일본 혼슈(本州) 중부지방 동북부에 위치한 현.

2003년 6월 말, 한국전쟁으로 말미암아 생이별하게 된 이산가족상봉을 취재하기 위해 금강산으로 향하는 도중, 이 식당에 들렀을 때의 일이다. '2, 3일 전에 정몽헌 회장이 왔었다.'라고 가게주인이 말해주었다. 정몽헌 회장은 현대재벌의 창시자인 정주영 씨의 5남으로 2001년 3월 21일에 사망한 정주영 씨의 뒤를 이어 현대 그룹회장에 취임하였다. 정몽헌 회장은 금강산관광사업과 개성공업단지사업 등에 적극적으로 관여하였다. 2003년 6월말의 개성공업지구 건설착공식에도 출석하고 인사도 하였다.

사업을 추진하는 과정에서 북한과 두터운 가교역할을 하였지만, 5억 달러의 대북비밀지원문제로 경찰의 사정청취를 받고 있던 한창 때인 2003년 8월 4일에 투신자살하였다. '갈매기식당'에 들린 것은 자살하기 2개월 전의 일이었다.

원래 금강산관광사업을 시작한 것은 아버지 정주영 씨다. 1998년 10월에 방북했을 때, 김정일 국방위원장과 직접 담판해 사업허가를 얻었다. 같은 해 11월부터 현대그룹 산하의 현대아산이 사업주체가 되어 시작하게 되었다. 그의 고향은 강원도 통천이다. 고향에 금의환향하고 싶었는지도 모른다. 정주영 씨는 1998년 10월 27일, 501마리의 소를 몰고 판문점 경유로 북한을 방문하였다. 왜 500마리가 아니라 501마리였을까.

가난한 가정에서 자란 정주영 씨는 17세에 가출할 때, 아버지가 정주영 씨의 누나를 시집보내기 위해 소 한 마리를 팔아서 만든 결혼준비금을 훔쳤다. 그 후, 고생 끝에 굉장한 재벌이 된 정주영 씨였지만 소 한 마리 돈을 훔친 것을 자책하는 마음과 부모에게 불효했다는 생각은 지워지지 않았다. 한 마리의 소에는 그런 그의 생각이 들어 있었다고 한다.

정주영 씨의 염원이 이루어져 실현된 금강산관광사업에서는 한국인 관광객이 어느 정도 방문한 것일까. 연도별 관광객 수를 나타낸 [표 6-1]에서 살펴보자.

[표 6-1] 한국에서의 금강산관광객수   (단위: 명)

년	인원수
1998~2000	371,637
2001	57,879
2002	84,727
2003	74,334
2004	268,420
2005	298,247
2006	234,446
2007	345,006
2008	199,966

출전: 한국통일부 통계자료

관광이 시작된 1998년 11월부터 2000년까지 2년 2개월 만에 37만 명이 넘었다. 2002년 11월에는 금강산관광지구가 정식으로 설치되었다. 2004년에는 전년의 3.6배로 급증하고, 그 후도 일정하게 계속 증가, 2008년 7월에 중단하기까지 총 193만 명이 방문하였다. 개성 관광객도 2005년 1484명, 2007년 7427명, 2008년 10만 3122명. 1년 만에 13.8배로 증가했다.

관광객 수가 2004년부터 대폭으로 증가한 것은 2003년 9월부터 기존의 해로에 더해 육로에 의한 관광이 시작되었기 때문이다. [도표 6-5]는

[도표 6-5] 금강산관광객 · 육로와 해로의 인원

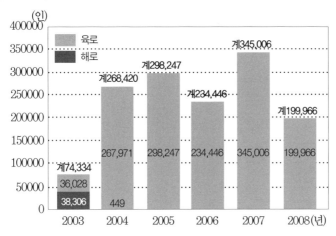

출전: 한국통일부 통계자료

육로관광이 시작된 2003년부터 관광이 중단되는 2008년까지의 해로와 육로의 관광객 수를 각각 나타낸 것이다. 2003년에는 2000명 정도 웃돌고 있지만, 2004년에 그 수는 역전되어 해로의 관광객 수는 449명까지 감소하였다. 2005년부터는 해로에 의한 관광객은 0이다.

또 다른 남북경제협력을 상징하는 개성공업단지사업은 어떨까. 개성 공업단지가 조성된 것은 2002년 11월이지만 실제로 한국기업이 진출하기 시작한 것은 2005년부터다. 2005년 개시 때는 겨우 18업체였던 입주기업이 2009년에는 117사로 증가하였다. 4년간 약 100사가 증가한 것이 된다. 생산액도 2005년의 약 1400만 달러에서 2009년에는 약 2억 5000만 달러까지 상승하였다. 근무하는 북한노동자 수도 일정하게 늘어난 것을 [도표 6-6]에서 알 수 있다.

[도표 6-6] 개성공업단지의 북한노동자 수 추이

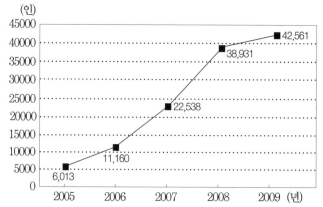

출전: 한국통일부 통계자료. 각 기업에 소속한 노동자 수, 실제로 근무하는 노동자와는 약간 차이가 있을 수 있다.

보수 정권하에서 후퇴

관계가 악화된 계기는 피살사건이었다. 2008년 7월 11일, 조선인민군 병사가 금강산에서 한국인 여성관광객을 사살하였다. 한국 정부는 금강산관광을 즉시 중단, 같은 해 11월 28일에는 개성관광도 중단하였다. 그 후 남북관계는 악화일로로 치달았다.

징후는 있었다. 이 해 2월에 한나라당(당시)의 이명박 대통령이 취임하고, 한국은 10년간 계속된 진보에서 보수로의 정권교체가 이루어졌다. 이명박 정권의 대북 정책은 북한이 핵개발 계획을 포기하고 국제사회의 책임 있는 일원이 되면 남북관계를 정상화하자는 것이기 때문에 김대중 · 노무현 정권의 '포용정책'(햇볕정책)과는 달리, 북한에게는 가혹한 것이었다. 핵 포기를 전제로 하는 대화를 북한이 받아들일 리가 없었다.

경제협력관계는 교착되고, 교역액 합계는 2008년의 18억 2000달러에서 2009년에는 16억 7900달러로 감소하였다.

이 무렵, 북한에서는 후계자 문제가 거론되고 있었다. 2008년 9월의 건국 60주년 기념행사에 김정일 국방위원장의 모습이 보이지 않아 갑자기 '중병설'이 나돌았기 때문이다. 같은 해 10월 4일에 축구시합을 관전하고 있는 모습이 보도되기까지 김정일 국방위원장의 동정은 51일 동안이나 전해지지 않았다. 실제로 이 때 그는 뇌졸중으로 위독했다고 한다.

조선노동당 기관지인 《노동신문》은 같은 해 10월 21일, 혁명전통 계승과 세대교체, 혁명의 3대, 4대의 역할의 중요성을 강조하는 논평을 게재하고, 후계자 문제가 논의되고 있는 것을 시사하였다. 이듬해 2009년 1월 15일에는 한국의 〈연합뉴스〉가 '김정은의 후계자 내정'을 보도하였다.

같은 해 5월, 북한 정부는 한국 정부에 대해 개성공업단지의 특혜적 법규·계약의 무효를 선언하였다. 한편 8월에는 김정일 국방위원장이 현대그룹의 현정은 회장과 회담하고, 금강산관광 재개 등 5개 항목에 합의하였다. 북한은 김대중 전 대통령 서거에 즈음해 최고위층 조문단을 서울에 파견하였다.

그러나 관계수복은 이루어지지 않았다. 2010년 3월에 발생한 초계함 천안함 침몰사건을 북한의 범행이라고 단정했던 한국 정부는 5월, 개성공업단지사업을 제외한 모든 남북교역·교류를 전면중단하는 조치(5·24 대북조치)를 단행하였으며, 남북관계는 결정적으로 악화되었다.

2011년 5월 31일, 북한은 현대그룹에게 주었던 독점사업권을 재검토하는 '금강산국제관광특구법'을 제정하였다. 이것에 의해, 한국과의 금강산관광을 추진하기 위해 2002년 11월에 제정하였던 '금강산관광지구법'은 효력을 잃고 금강산관광지구의 명칭은 금강산국제관광특구로 변경되었다.

보수 정권 뒤를 이은 박근혜 정권하에서 남북관계는 더욱 악화되어 갔다. 2016년 2월 10일, 박근혜 정권은 마지막까지 남아있던 경제협력의 상징인 개성공업단지사업의 조업을 중단하였다.

'신 베를린선언'

'베를린에서 시작된 냉전해체를 서울과 평양에서 완성하고, 새로운 평화의 비전을 동북아와 세계에 전파합시다.'

2017년 7월 6일, 문재인 대통령은 17년 전에 김대중 전 대통령이 대북제안을 했던 베를린에서 '평화체제구축을 위한 베를린구상'을 발표하였다. 문재인 대통령은 박근혜 탄핵·파면에 동반해 같은 해 5월 9일로 앞당겨진 대통령 선거에서 승리해, 19대 한국 대통령에 취임하였다. '더불어민주당' 문재인 후보가 당선되어 10년 만에 보수에서 진보로 정권교체가 이루어졌다. 노무현 전 대통령의 친구이며 측근이었던 문재인 대통령은 취임 초부터 남북관계 개선에 의욕을 보였다.

'베를린구상'을 발표한 것도 그 표현이었다. 이 '베를린구상'은 첫 남북정상회담으로 이어진 김대중 전 대통령의 '베를린선언'에 연관지어 신新 '베를린선언'이라고 불린다. 이 구상에서 문재인 대통령은 과거 두 번의 정상회담에서 발표된 두 개의 '선언'에 관해 언급하고, ① 평화추구, ② 한반도의 비핵화 추구, ③ 항구적인 평화체제구축 추구, ④ 한반도 새로운 경제지도 구상 추진, ⑤ 남북 간 민간교류협력사업 추진을 골자로 한 '5대 대북정책방안'을 발표하였다.

동시에 ① 이산가족 상봉재개, ② 평창올림픽을 평화올림픽으로(북한 참가), ③ 군사분계선에서 적대행위 상호중단, ④ 남북정상회담과 남북대화재개의 4개 항목을 제안하였다. 그리고 문재인 대통령은 '한반도의 긴장과 대립국면을 전환시키는 계기가 된다면 언제, 어디서라도 김정은 위원장과 만날 용의가 있다.'고 정상회담 실현 의욕을 표명하였다.

북한은 9일 후인 7월 15일, 《노동신문》을 통해서 이 구상을 '6 · 15 공동선언과 10 · 4선언에 대한 존중, 이행을 서약하는 등, 전임자들과는 다른 입장이 포함되어 있는 것은 다행이다.'라고 평가하였다. 지금 와서 생각해보면 문재인 정권 발족 직후부터 한국과의 관계 개선을 모색하고 있었는지도 모른다.

경제교류협력 부활될까

'한반도에 새로운 경제지도를 그린다.'

문재인 대통령은 '신 베를린선언'에서 이렇게 단언하였다. '새로운 경제지도'라는 것은 어떤 것인가. 문재인 정부가 발표했던 '국정운영 5개년 계획'에서 살펴보자.

주된 내용은 4가지다. ① 3대 벨트구축이다. 동해권 에너지 · 자원벨트, 서해안 산업 · 물자 · 교통벨트, DMZ(비무장지대)에는 환경 · 관광벨트를 각각 구축하고, 남북이 협력해 개발 · 발전시키자.라는 것이다. 구체적인 지명도 기입되어 있다. 공동개발 후는 동해안과 러시아를 연결시키는 구상도 있었다. ② 민간 협력 네트워크를 통해 남북한이 하나의 시장협력방안을 마련한다. ③ 경제협력 재개이다. ④ 남북의 접견지역을 발전시키는 것이다.

③에서는 개성공업단지 정상화와 금강산관광 재개를, ④에서는 통일경제특구와 서해 평화협력특별지대 추진 여건을 조성한다. 이것에 의해 ① 남북경제협력 활성화로 통일여건 조성 및 고용창출과 경제성장율 상승이 예상된다. ② 한반도가 동북아지역의 경제협력의 허브로 도약하게

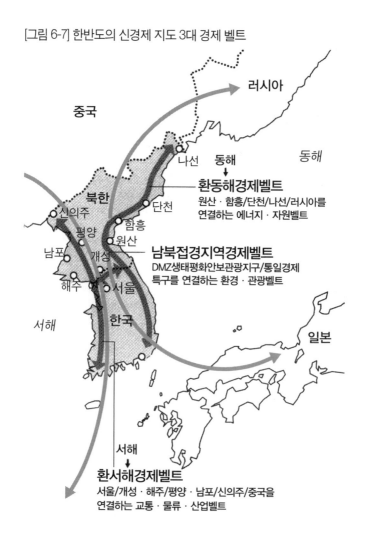

[그림 6-7] 한반도의 신경제 지도 3대 경제 벨트

러시아

중국

동해

동해

나선

환동해경제벨트
원산 · 함흥/단천/나선/러시아를
연결하는 에너지 · 자원벨트

북한

단천

신의주

함흥

평양

원산

남포

개성

남북접경지역경제벨트
DMZ생태평화안보관광지구/통일경제
특구를 연결하는 환경 · 관광벨트

해주

서울

한국

서해

일본

서해

환서해경제벨트
서울/개성 · 해주/평양 · 남포/신의주/중국을
연결하는 교통 · 물류 · 산업벨트

된다.라는 효과를 기대할 수 있다고 한다.

문재인 대통령은 '남북이 "10 · 4 선언"을 실천한다면' 신경제지도 구
상의 실현은 가능하다고 말했다. 분명히 2007년의 노무현 · 김정일의
제2차 정상회담에서 발표된 '10 · 4 선언'에서는 경제협력의 구체적인
내용이 기록되어 있다. 예를 들면 황해남도 해주지역에 '서해 평화협력

특별지대'를 설치한다고 했는데 신경제지도 구상의 4번째 방안은 이것을 답습한 것이다. 이미 '10·4선언'에서는 공동어로구역과 평화수역설정, 경제특구건설과 해주항 활용, 민간선박의 해주직항로 통과, 한강하구의 공동이용 등이 명기되어 있었다. 철도와 도로의 공동이용도 약속되어 있었다.

2003년 6월 14일, 나는 강원도 고성군에서 실시된 동해선(저진—금강산)* 철도를 연결하는 행사를 취재하였다. 근처에는 남북분단지점인 것을 알리는 녹슨 간판이 세워져 있었다. 절대로 남측에 들어가면 안 된다고 사전교육을 받았기 때문에 그것을 충실히 지켜서 북측에서만 취재를 하고 있었다. 그런데 남북의 기자 모두가 아랑곳하지 않고 상대측 지역을 자유로이 왕래하고 있었다. 물리적인 장애물이 있는 것이 아니므로 취재에 정신이 팔린 기자들이 서로 왕래하는 것은 극히 자연스런 모습이었다. '통일이란 이런 형태로 오는 것인지도 모른다.' 당시 그런 느낌이 들었다.

철도와 도로가 연결되면 부산을 출발한 열차가 평양을 경유해 중국과 러시아, 유럽으로 달리는 미래가 올 것임에 틀림없다. 한반도는 물류의 중요지점이 되고 경제 활성화에도 커다란 역할을 다할 것이다.

보수 정권하에서 9년간 정체되어 있었던 남북경제협력이 문재인 정부에서 부활할 것인가. 기대는 되지만, 여기에는 전제조건이 있다. 북한의 비핵화가 진전되지 않으면 안 된다. 게다가 남북간에는 개성공업단지 이외의 남북경제협력을 차단했던 '5·24조치'가 가로막고 있다.

• 함경남도 안변(安邊)과 강원도 양양(襄陽)을 잇는 철도로 총 길이는 192.6km이고, 1937년 개통되었다. 남북 분단 이후 운행이 중단된 뒤 50년이 넘도록 남과 북을 가로지르는 비무장지대(DMZ)와 군사분계선(MDL)에 막혀 운행되지 않았다. 그러다 2000년 열린 제1차 남북 장관급 회담과 2002년 제2차 남북경제협력추진위원회의 합의에 따라 남북한이 동시에 서쪽의 경의선과 함께 복원하기로 하였다.

2016년 2월 10일에는 3일 전인 7일에 실시된 미사일 발사실험에 항의하는 형태로 박근혜 정권이 개성공업단지의 조업을 중단하였다. 북한은 다음날 개성공업단지를 폐쇄하고 자산을 동결하였다. 그리고 개성공업단지를 '군사 통제지역'으로 지정하고 지금에 이르고 있다.

철도 · 도로의 연결이 개혁 · 개방으로 연결될 것인가?

'문 대통령이 오시면 솔직히 걱정스러운 게 우리 교통이 불비(不備 제대로 갖춰져 있지 않음 —옮긴이)해서 불편을 드릴 것 같다.'

(북한에서) '평창올림픽 갔다 온 분이 말하는데 평창 고속열차가 다 좋다고 하더라, 남측의 이런 환경에 있다가 북에 오면 (우리들이) 참 민망스러울 수 있겠다.'(김정은)

'이제부터 북과 철도가 연결되면 남북 쌍방이 고속철도를 이용할 수 있다.'(문재인)

청와대에 의하면, 2018년 4월 27일의 회담에서 남북정상은 이런 대화를 주고받았다.

김정은 조선노동당위원장으로부터는 이런 발언도 튀어나왔다. '(평양에는) 고저 비행기로 오시면 제일 편안하시니까, 우리 도로라는 게 아까도 말씀드렸지만 불편하기 때문이다.'

북한의 최고지도자가 자국의 인프라(도로, 철도, 항만, 댐 등)가 제대로 갖춰져 있지 않음을 솔직하게 말하는 것은 보기 드문 일이었지만, 한국의 협력으로 인프라를 정비하고 싶다는 본심을 엿볼 수 있다.

인프라 정비는 북한이 가장 원하는 것이다. 그것을 예측해 김대중 대통령은 2000년, 도로, 항만, 철도, 전력, 통신 등 인프라 확충을 위한 정부 간 경제협력을 아끼지 않았다. 이 때, 남북정상 간에 맺은 6 · 15 공

남북정상회담에서 문재인 한국대통령과 걷는
김정은 조선노동당위원장(2018년 4월 27일)

동선언에는 경제협력 추진이 담기고, 3년 후인 2003년 6월에 동해선과
경의선이 연결되었다.

　2007년의 남북정상선언에서는 개성―신의주철도와 개성―평양고속
도로를 공동으로 이용하기 위한 보수작업이 포함되었다. 노무현·김정
일 두 정상 간에 맺은 이 선언에는 구체적인 경제협력사업도 기록되어
있었지만, 그 후 한국에서 2대째 계속된 보수 정권하에서 구체적으로는

아무것도 진전되지 않았다. 그러기는커녕, 금강산관광, 개성공업단지사업을 비롯해 모든 경제협력사업은 중단된 채 그대로다.

4월 27일의 정상회담을 통해, 문재인 대통령과 김정은 위원장 사이에 맺은 '판문점선언'에는 동해안 및 경의선 도로·철도를 연결, 현대화하여 활용해가기 위한 대책마련을 명기하였다.

문재인 대통령은 김정은 위원장과 두 사람만의 '도보다리 산책' 때, '신경제구상(한반도의 신경제지구 구상)'이 담긴 USB메모리를 직접 건넸다. '신경제구상'이라는 것은 앞에서 말한 대로 문재인 정부 발족 직후에 발표된 '국정운영 5개년 계획' 중에 있는 것으로 개성공업단지의 정상화와 금강산관광 재개도 적혀 있다. 그러나 유엔의 제재 하에서는 결코 쉽지 않다.

북한의 비핵화와 경제 재생은 미국뿐만 아니라 중국도 큰 열쇠를 쥐고 있다. 김정은 위원장은 3월 25~28일, 첫 외유처로서 중국을 방문하였다. "중국의 실리콘밸리"라고 불리는 베이징의 중관춘(中關村 전자제품 전문 쇼핑몰)도 시찰하였다. 시진핑 국가주석과의 정상회담에서는 대규모적인 경제협력을 요구했다고 한다(《아사히신문》 2018년 4월 26일자). 그 후도 김정은 위원장은 4월과 6월에 중국을 방문해 시진핑 주석과 회담하면서 재차 경제협력을 요청했다는 이야기도 전해지고 있다.

지금은 중단상태이지만, 중국과의 사이에서는 나선 등 두 군데의 경제특구를 공동으로 개발하는 합의가 있다. 북한 국내에는 경제특구가 24개소 있다. 기업에게 경영권을 주기도 하고 중국의 청부제도와 닮은 제도가 협동농장에서 채용되는 등 개혁정책도 추진하고 있다. 공급시스템이 사실상 붕괴하고 경제의 시장화도 진행되고 있다.

김정은 위원장은 핵실험과 탄도미사일 실험을 중지하고, 지금부터는 경제에 전력을 집중할 거라고 표명하였다. 경제가 활성화되면 북한의 개혁 · 개방도 촉진될 가능성이 있다.

15만 평양시민 앞에서 연설한 문재인 대통령

······우리 민족은 평화를 사랑합니다. 그리고 우리 민족은 함께 살아
가야만 합니다. 우리들은 5천년을 함께 살고, 70년을 헤어져 살았습
니다······

2018년 9월 19일, 문재인 대통령은 평양의 릉라도에 있는 5.1경기장
의 단상에 서 있었다. 15만 명의 평양시민 앞에서 문재인 대통령은 7분
간 연설하였다. 한국의 대통령이 평양시민 앞에서 연설하는 것은 처음
있는 일이다.

9월 18일~20일, 2018년에는 제3차 남북정상회담이 평양에서 개최되
었다. 이미 정례화 되었다고 말해도 좋다. 김정은 조선노동당위원장 내
외는 문재인 대통령 내외를 평양국제공항에서 마중하였다. 트랩에서 내
려온 문재인 대통령과 김정은 위원장이 포옹하는 모습은 양측 사이에
신뢰관계가 착착 구축되어 간다는 것을 엿볼 수 있었다.

19일에 발표된 '평양공동선언'의 중심 내용은 김정은 위원장이 가까운
시일 내에 서울을 방문하는 것이 포함되어 있다. 정상회담 후, 공동기자
회견에 임한 김정은 위원장은 문재인 대통령에게 '가까운 시일 내로 서
울을 방문하기로 약속하였다.'라고 밝혔다. 2000년의 남북정상회담에서
는 '김정일 국방위원장이 적절한 시기에 서울을 방문한다.'라고 공동선
언에 명기되었음에도 불구하고 실현되지 않았다. 2007년의 정상회담 때
에, 김정일 국방위원장은 노무현 대통령(당시)의 서울 방문 제안을 정중
히 거절하였다. 김정일 정권시대에 북한의 정상이 한국을 방문하는 일
은 없었다. 그러나 이번은 김정은 위원장 자신이 '약속하였다.'고 밝히

고 있고, '특별한 사정이 없는 한'(문재인 대통령) 방문이 실현된다. 물론 4월의 정상회담은 판문점의 한국 측 지역에서 실시되었기 때문에 김정은 위원장은 이미 한국을 한번 방문한 것이 되지만 판문점과 서울은 비교할 수 없다. 실현된다면 획기적이다.

'평양공동선언'에는 군사적 적대관계를 해소하는 문제가 명기되고 부속문서로써 군사 분야의 '합의문'도 채택되었다. 경제협력과 이산가족의 재회, 문화·스포츠 교류 등도 '선언'에 포함되었다.

초점인 비핵화도 포함되었다. '평양공동선언'은 '한반도를 핵무기와 핵위협이 없는 평화의 터전으로 만들어 나가야 하며, 이를 위해 필요한 진전을 조속히 이뤄나가기로 인식을 같이 하였다.'라고 지적하였다.

구체적으로는 북한이 ① 관계국 전문가들의 입회하에 평안북도 동창리 미사일 관련시설을 영구적으로 폐기하고, ② 영변 핵시설의 영구적 폐기와 같은 추가적 조치를 취할 용의가 있다.라고 하였다. 단, ②에 관해서는 '미국이 6·12 북미공동성명의 정신에 따른 상응조치를 취하면'이라는 조건이 붙었다.

북미공동성명에는 북한이 4·27 '판문점선언'을 재확인하고, 한반도의 완전한 비핵화를 위해 노력하고 있다. '판문점선언'에는 올해 안에 한국전쟁의 종전선언과 평화협정체결을 협의할 회담 개최가 적혀 있다. 즉, 종전선언과 평화협정체결에 의해 적대관계가 해소된다면 핵시설을 폐기한다는 것이 북한의 입장이다.

폼페이오 미 국무장관은 9월 19일, 남북정상회담 결과를 환영하는 성명을 발표하고, '북미관계를 전환transform하기 위한 교섭에 즉각 참여할 준비가 되어 있다.'(《아사히신문》 2018년 9월 21일자)라고 말했다.

24일에 실시된 한미정상회담의 서두에서 트럼프 미 대통령은 제2차

열병식이 끝난 뒤 평양시민들의 환영을 받는 참가자들(2011년 9월)

정상회담을 '그렇게 멀지않은 장래'에 개최할 의향을 표명하였다. 또, 제
5차 남북정상회담의 결과를 환영하고 문재인 대통령이 김정은 위원장의
비핵화 의지를 직접 재확인했다는 것에 관해서도 평가하였다.

다만, 북한은 지금 단계에서 미국이 원하는 비핵화 대상리스트와 행정
표 제출, 검증조치에 응하고 있지 않다. 29일에 유엔총회에서 연설했던
리용호 외무상은 '북미공동성명을 이행하기 위해서는 북미 간의 불신을
없애지 않으면 안 된다.'고 강조하였다. 북미 간의 불신을 없애는 데는
'양국이 신뢰 구축에 힘쓰지 않으면 안 된다.'고 말하였다. 또 한반도의
비핵화도, 신뢰 구축을 우선시킨 평화체제의 구축과 동시행동의 원칙에
기초하여 할 수 있는 것부터 단계적으로 실현해야만 한다고 하면서 '그
러나 이 일에 관해서 미국으로부터 상응조치의 회답을 얻지 못하였다.'

라고 미국에 불만을 표명하였다. 북한에게 일방적으로 비핵화를 압박하기 전에 (종전선언합의 등) 미국이 할 일이 있다고 말하는 것이다.

남북이 정상회담에서 합의한 내용을 이행해가려면 북미관계의 진전을 빼놓을 수 없다. 2018년 9월의 정상회담에서도 개성공업단지와 금강산 관광사업을 정상화할 것이 포함되었지만, '조건이 갖추어지는 대로'라는 전제가 붙었다. '조건이 갖추어지다.'라는 것이 '제재 해제'를 가리키고 있는 것은 말할 필요도 없다. 미국은 북한의 비핵화가 진전되지 않으면 제재를 해제하지 않을 방침이다.

문재인 대통령은 9월 26일, 유엔총회의 연설에서 이렇게 말했다.

'김정은 위원장은 가능한 한 빠른 시기에 비핵화를 마치고 경제발전에 집중하고 싶다는 희망을 분명히 밝혔다. (생략) 북한은 우리들의 바람과 요구에 보답하였다. (생략) 이번은 국제사회가 북한의 새로운 선택과 노력에 보답할 차례다. 김정은 북한 국무위원장의 비핵화 결단이 올바른 판단임을 확인해 주어야 한다.'

7장 핵개발과 미사일

북미정상회담 공동성명에서는 트럼프 대통령이 북한에게 안전담보(체제)를 제공할 것이 명기되고 이에 대해 김정은 조선노동당위원장은 '한반도의 완전한 비핵화'를 위한 의지를 재확인하였다. 또, '새로운 북미관계수립이 한반도와 세계 평화와 번영에 이바지할 것을 확신하면서 상호신뢰구축이 한반도의 비핵화를 촉구한다는 것을 인정'하였다.

북한의 진정성도 앞으로의 진전의 열쇠를 쥐고 있다. 북미정상회담이 단순히 "정치쇼"가 될런지, 아니면 진짜 '역사적' 회담이라고 평가될 것인지 앞으로의 움직임을 지켜볼 필요가 있을 것이다.

중국, 최초의 핵실험

'날이 갈수록 증대하는 미국의 핵위협에 직면해 ○○은 가만히 손을 놓고 있을 수 없다. ○○이 핵실험을 실시해 핵무기를 개발하는 것은 쫓기어 어쩔 수 없는 것이다.'

'○○정부는 일관하여 핵무기 전면금지, 완전폐기를 주장해왔다. 만약 이 주장이 실현되었다면 ○○은 원래부터 핵무기를 개발할 필요가 없었다. 그러나 우리들의 이 주장은 미국 제국주의의 완고한 저항을 받았다.'

'○○이 핵무기를 개발하고 있는 것은 방어를 위해서이고, 미국이 일으키는 핵전쟁 위협에서 ○○인민을 지키기 위함이다.'

그러면 여기에서 문제, ○○의 안에 들어갈 국명은? 답은 '중국'이다. 중국은 1964년 10월 16일에 처음으로 핵실험을 실시하였다. 그 때 발표된 정부성명 내용인데 마치 북한의 주장과 같다. 북한이 처음 핵실험을 실시한 것은 2006년 10월 9일이다. 그 이틀 후, 북한 외무성 대변인은 담화를 발표하고 다음과 같이 말했다.

'우리들이 핵실험을 할 수 밖에 없었던 이유는 전면적으로 미국의 핵위협과 제재압력 책동 때문이다.'

'우리들은 미국에 의해 날이 갈수록 증대하는 전쟁 위험을 막고, 나라의 자주권과 생존권을 지키기 위해 어쩔 수 없이 핵무기 보유를 실물로 증명해 보이지 않을 수 없었다.'

북한은 중국의 제1차 핵실험 때의 정부성명을 충실히 그대로 모방하고 있는 것같이도 보인다. 결국, 북한이 핵을 보유하는 이유는 당시의 중국과 같은 것이다. 그렇기 때문에 중국은 북한의 핵개발에 반대임에도 불구하고 강력하게 말할 수 없는 것이 아닐까.

중국의 핵무장은 같은 사회주의 국가인 소련을 견제한 것이기도 했다. 1960년대에는 중소 국경분쟁이 일어나 양국관계는 약화되었다. 중국 정부 성명에서는 1963년 7월에 미영소가 모스크바에서 조인했던 부분적 핵실험 정지조약을, 3대 핵보유국이 핵을 독점하는 것이라고 비난했다.

한편, 중국 정부 성명에서는 중국이 먼저 핵무기를 사용하는 일은 없을 것이라고 밝히고, 핵 전면폐기에 관해 토의하는 세계 각국 정상회담 개최를 제안했다. 핵실험 다음 날인 1964년 10월 17일에는 저우언라이 周恩來* 수상도 정상회담 개최를 제안하였다. 이런 점도 '세계의 비핵화'를 주장하는 북한의 주장과 통하는 부분이 있다. 북한도 핵의 선제사용은 부정하고 있고, '미국이 적대시 정책을 포기하고 북미 간에 신뢰가 조성되어 우리들이 미국의 위협을 더 이상 느끼지 않게 되면 일개 핵무기도 필요 없어진다.'(2006년 10월의 외무성 대변인 담화)라고 비핵화로의 의사를 분명히 밝히고 있었다. 중국과 북한은 '비핵화를 위해 핵을 보유하고 있다.'는 논리에서는 공통점이 있다.

다만, 중국은 1978년부터 개혁 · 개방노선을 선택하고 비약적인 경제 발전을 성취하였다. 중국은 자국의 성공 사례를 바탕으로 북한에 대해서도 여러 번에 걸쳐서 개혁 · 개방정책 실시를 촉구하였다. 1980년대 초에 김정일 비서(당시)를 비롯해 정부 고위급 관료가 방중 했을 때에는

---

* 중국 정치가(1898~1976). 중국 정권 수립 후 문화 대혁명을 거쳐 공산당 내에서 지도적 위치에 있으면서 중국의 주요 문제들을 해결하였다.

상하이, 선전深圳 등을 안내하였다.

김일성 주석이 1991년 10월에 방중했을 때, 덩샤오핑 등 중국의 최고 지도자들로부터 중국처럼 사회주의를 유지하면서 개방과 경제개혁을 추진하도록 요구 받았다. 북한도 외국자본과의 사이에서 합영법 제정과 경제특구 설치 등의 일정한 개방정책을 실시하고, 김정일 정권기에는 경제개혁도 단행하였다(임동원 저, 《피스 메이커》).

그러나 북한의 지도부는 개혁·개방에 의해 시장경제로 이행하고, 체제가 동요하는 일은 현재까지도 두려워하는 점이 있다. 그들이 과감한 정책전환을 단행할 수 없는 것도 그런 까닭에 있는 것이다.

그렇다고 하더라도 공산당이 시장경제 도입을 결단한다면 중국의 사례에서처럼 정치적으로는 권력을 독점하면서 시장경제화가 가능하다. 시장경제로 이행한다는 것이 반드시 정치체제로의 이행, 결국 사회주의 체제에서 자본주의 체제로의 이행을 촉구하는 것은 아니다. 베트남과 쿠바도 그렇다.

2018년 4월, 북한 정부는 핵개발과 경제건설 병진노선의 '승리'를 선언하고, 이후부터는 경제개발 단일화를 결정하였다. 북한이 중국의 경제개혁·개방정책의 성공사례를 배우겠다고 결단한 것이라면 다행이다.

맥아더와 핵무기

한국전쟁 개전에서부터 반 년 후인 1950년 12월 24일, 미 극동군사령관 더글러스 맥아더Douglas MacArthur 원수는 도쿄에서 워싱턴에 암호전보를 쳤다. 암호전보는 소련과 중국의 원폭투하 표적 후보지의 도시명 21곳이 들어 있었다. 원폭 20개의 표적과 우선순위에 관한 보고를 요구하는 워싱턴에서 온 기밀암호전보에 대한 회답이었다.

맥아더가 가리킨 34발의 원자폭탄의 개수는 워싱턴의 요청을 대폭 초과한 것이었다. 이듬해 1951년 3월 10일, 맥아더는 원폭의 사용승인을 요구했지만 허락받지 못했다. '전면전쟁이 되면 중국은 이길 수 없다.'라는 성명을 트루먼 미 대통령에게 사전허락 없이 발표했던 것 때문에 대통령의 노여움을 사서 결국 4월 11일에 해임되었다.

《아사히신문》 일요판의 연재 '100명의 20세기100人の20世紀'*에서는 1998년 7월 5일자에 맥아더를 채택해 이런 일화를 소개하였다.

트루먼 대통령 자신, 1950년 11월 30일의 기자회견에서는 한국전쟁에서 원자폭탄을 사용할 수 있다고 발언하였다. 그렇지만 한편에서, 유엔의 다수파 형성을 중시해 한국전쟁을 한정전쟁**으로 하지 않을 수 없다고 생각하고 있었다. 결과적으로 한국전쟁에서 원폭이 사용되는 일은 없었다.

옛 만주 및 중국 본토의 공업시설, 그 외에 원폭공격은 중국과의 전면전쟁을 의미할 뿐만 아니라 확실하게 소련의 전쟁개입을 초래한다고 생각하였다(小此木政夫,《朝鮮戰爭》).

또 미 국무성 극동국의 존 에머슨Jhon K. Emerson은 1950년 11월 8일, 러스크David Dean Rusk*** 국무차관보에게 제출한 각서에서 미국이 중국에 대해 원폭을 사용할 경우의 정치적 영향을 다음과 같이 정리하였다. 그것은, ① 미국의 도의적 입장으로의 심각한 타격, ② 유엔에서의 공

---

* 1998년부터 1999년까지 아사히신문 일요일판에 게재된 연재물. 격동의 20세기의 막이 내리려던 이 시기, 20세기를 대표하는 위인 100명을 선정하여 소개한 논픽션이다.
** '제한전쟁'이라고도 한다. 일반적으로 한정전쟁이란 전역(戰域), 수단, 무기, 목표 등을 제한한 전쟁을 가리키고, 소형화, 경량화, 저출력화에 의해 파괴력을 한정한 전술핵무기를 사용한 한정전쟁을 특히 한정 핵전쟁이라고 한다.
*** 미국의 정치가(1909~1994). 국제연합담당관, 극동관계 담당의 국무차관보, J. F. 케네디 정부의 국무장관을 역임하였다.

동행동의 파괴, ③ 미국은 전면전쟁을 원하고 있다는 소련의 선전 강화, ④ 원폭은 아시아인에게만 사용한다는 아시아 전역의 미국에 대한 감정적 반발, ⑤ 아시아에 지나치게 관여함으로써 다른 지역의 전쟁 대비가 불가능하게 된다(전술, 《朝鮮戰爭》).이다.

맥아더 원수가 상부에 올린 원폭투하의 표적 후보지에는, 소련의 블라디보스토크, 우수리스크, 하바롭스크, 중국의 뤼순旅順, 베이징, 다롄大連 등이 포함되어 있었다(《아사히신문》 1998년 7월 5일자). 이미 핵무기를 보유하고 있었던 소련은 별도로 하고 중국이 핵을 가져야만 한다고 생각한 것도 한국전쟁에 미국이 핵무기사용을 검토한 것과 관계가 없지는 않을 것이다.

그리고 같은 이유로 북한의 지도부가 한국전쟁 무렵부터 핵보유를 생각하기 시작했다고 하더라도 그다지 이상하지 않다. 핵에는 핵으로 대항하지 않으면 안 된다는 생각이 김일성 주석의 뇌리에 있었다고 생각하는 쪽이 자연스럽다. 다만, 그 자신은 죽기까지 '핵을 보유할 의사도 능력도 없다.'라고 말하였다.

북한이 실제로 핵개발을 결단했던 것은 냉전붕괴, 그리고 소련과 중국이 한국과 국교를 맺었기 때문이라고 생각한다. 한반도 유사시, 소련과 중국은 자국을 지켜주지는 않는다, 결국 핵우산을 제공 받을 수 없다고 북한 지도부는 뼈저리게 느꼈을 것이다. 미국의 핵위협으로부터 자국을 지키기 위해서는 핵을 가지는 것뿐이라고 생각했을 것이다. 미국의 핵우산 아래에 있는 한국과 일본 사람은 이해할 수 없을지도 모르지만 냉전구조의 붕괴로 유일하게 핵우산 아래에 없는 국가는 북한이었다.

핵과 미사일을 고집하는 이유

북한은 국제사회의 비난을 계속 받으면서도 어째서 핵·미사일 개발을 계속한 것일까. 그것을 이해하기 위해서는 시계를 65년 전의 한국전쟁 정전 시까지 되돌리지 않으면 안 된다.

1945년 8월 15일, 일본패전과 동시에 한반도는 식민지지배로부터 해방되었지만, 불과 보름 후인 9월 2일, 제2차 세계대전의 전후처리를 위해 주둔한 연합국군의 군정 하에 처해졌다. 북은 소련군, 남은 미군이 주둔하였다. 1947년에 남북 동시선거 실시를 시도했지만 실현되지 않았고, 1948년에 남에는 대한민국, 북에는 조선민주주의인민공화국이 각각 탄생하였다. 한반도분단의 시작이다. 1950년 6월에 한국전쟁이 발발, 당초는 북한군이 부산을 남기고 남한을 점령했지만, 미군을 중심으로 하는 유엔군 참전으로 전황은 역전되었다.

그 후, 중국이 참전하고, 일진일퇴의 공방전을 반복한 결과, 3년 후인 1953년 7월 27일에 정전협정(휴정협정)이 조인되었다. 정전협정에 서명한 것은 북한의 조선인민군과 중국 인민지원군 사령관, 유엔군 사령관이고, 한국의 이승만 정권은 정전에 반발해 서명을 거부하였다.

정전협정에는 외국군대가 한반도에서의 철수를 협의한 것이 명기되어 있었지만 유엔군의 주력부대로서 파견된 미군은 정전 후에도 계속 한국에 주둔하였다. 소련과 중국 등의 공산권에 대치하는 최전선으로서 한국을 생각하고 있었기 때문이다. 한편, 한국전쟁에 참전한 중국인민지원군은 1958년 10월에 북한에서 철수하였다. 직후에 북한 정부는 성명을 발표해 주한미군 철수를 요구하였다.

북한 입장에서 보면, 북에서는 중국군이 철수해버렸는데 남에는 세계 최강인 미군이 남아 있다. 그러한 잠재적 공포가 한국전쟁 정전 직후부터 계속 존재하였다. 압도적인 미국의 군사력에 대치하기 위해 북한은 그에 어울리는 군사력을 기를 수밖에 없다고 생각한 것이다. 그것이 핵·미사일 개발로 이어졌다.

북한이 한국전쟁 정전 후부터 한결같이 요구해 온 것은 첫 번째로 한국전쟁 끝내기와 정전협정을 평화협정으로 전환하는 것이다. 두 번째는 한미합동군사연습 중지, 세 번째는 체제보장이었다. 결국은 미국과의 관계 정상화다. 이것이 그들이 말하는 '대북적대시정책의 전환'이며 북한은 핵공격을 포함한 군사적 위협 청산을 요구해왔다.

북한에게는 '핵·미사일 개발을 포기하면 대화에 응하겠다.'는 것은 무방비로 백기를 든다면 협상에 응하겠다고 들린다. 이라크의 후세인Saddam Hussein* 대통령과 리비아의 카다피 대령Muammar Gaddafi(국가원수)**의 최후를 본 후에는 더욱 그러했다. 대량살상무기를 보유하고 있다고 미 부시 정권은 2003년 3월 20일, 이라크전쟁을 개시, 곧 바그다드를 함락시키고 후세인 대통령을 체포하였다. 그리고 3년 후인 2006년 12월 30일, 후세인은 처형되었다. 카다피도 2003년 말에 핵폐기를 선언하고 조사단을 받아들였음에도 불구하고 리비아 내전에 의해 정권이 붕괴되고 2011년 10월 20일에 사살되었다. 북한이 '리비아방식'에 민감한 것도 이 때문이다.

이라크전쟁이 종결되고 약 4개월 후인 2003년 8월, 한반도의 핵문제를 협의하는 6자회담(북한·미국·중국·한국·러시아·일본 참가)이 시작되었다. 북한의 목적은 6자회담을 통해 미국과 단독으로 대화하는 것에 있었다. 후세인의 비참한 패배를 직접 보고서 대화에 의한 핵문제 해결에 응했다

---

* 전 이라크 대통령으로 걸프전을 일으켰으나 패배하였고, 2003년 미국에 의해 체포돼 이라크 전쟁 전범재판에 회부된 뒤 2006년 사형(1937~2006)되었다.
** 리비아를 통치했던 독재자(1942~2011).

고도 생각할 수 있다. 그렇지만 북한은 2006년 10월 9일, 1차 핵실험을 단행한다. 이는 후세인이 처형되고 2개월이 지난 후였다. 후세인처럼 되지 않기 위해서 김정일 국방위원장은 핵무기를 만들지 않으면 안 된다고 생각했을지도 모른다. 카다피가 살해되는 것을 보고 그 마음을 한층 굳게 가지게 되었다는 것을 쉽게 상상할 수 있다. 거슬러 올라가면 1989년 12월에는 김일성 주석과 매우 친숙했던 루마니아의 니콜라에 차우셰스쿠 Nicolae Ceauşescu* 대통령이 부인인 에레나와 함께 처형되었다.

김정은 위원장은 핵개발과 경제건설을 병행해 추진하는 '신병진노선'을 발표했던 2013년 3월의 당 중앙위원회 전원회의에서 이렇게 말했다.

'대국들을 쳐다보면서 강력한 자위적 국방력을 갖추지 못하고, 제국주의자들의 압력과 회유에 못이겨 이미 있던 전쟁억제력마저 포기하였다가 종당에는 침략의 희생물이 되고만 발칸반도와 중동지역 나라들의 교훈을 절대로 잊지 말아야 합니다.'

핵개발은 경제를 위해?

'새로운 병진로선은 국방비를 늘리지 않고도 적은 비용으로 나라의 방위력을 더욱 강화하면서 경제건설과 인민생활 향상에 큰 힘을 돌릴 수 있게 합니다.'

김정은 당위원장(당시는 제1비서)은 2013년 3월에 개최된 당 전원회의에서 이렇게 말했다.

신병진노선은 할아버지인 김일성 주석이 내세운 병진노선을 답습한 것이다. 할아버지의 병진노선은 쿠바 위기 직후인 1962년 12월의 조선노동

• 루마니아의 정치인(1918~1989). 1965년부터 1989년까지 국가원수(1974년부터는 국가주석)를 역임했으며, 1989년 12월 22일에 자신의 정권이 무너지자 도주를 시도하다가 처형되었다.

당 중앙위원 제4기 5차 전원회의에서 제시되었다. 경제건설과 국방건설을 병행해 진행한다고 말하면서도 국방력 강화에 역점을 두고 있었다. 병진노선에 기초한 슬로건 '4대군사노선'(전민 무장화. 전국 요새화, 전군 간부화, 전군 현대화)도 동시에 제창되었다. 병진노선은 1965년의 베트남전쟁 개전 등으로 인해 이듬해 1966년 10월의 조선노동당 대표자회의에서도 재확인되었다.

이것을 계기로 북한은 미국과의 전쟁을 대비한 국방력강화로 기울어갔다. 그 결과, 제1차 7개년 계획의 완수도 2년 늦어진 1970년으로 미루어지는 등 적잖은 영향이 있었다. 경제상황은 악화되고 인민생활은 희생되었다. 1990년대 후반의 경제위기도, 원인을 밝히자면 이 1960년대로 거슬러 올라간다.

그러나 김정은 위원장이 내세운 신병진노선은 '국방비를 추가로 늘리지 않고 전쟁억제력과 방위력의 효과를 높이는 것에 의해, 경제건설과 인민생활 향상에 힘을 집중할 수 있다.'라는 것이 북한측 설명이다. 핵무기 개발에 예산을 집중시킨다면 재래식 무기 등의 방위비를 삭감 가능하고 그 만큼을 경제건설에 돌릴 수 있다는 이론이다.

실제, 김정은 정권 하에서 북한 경제는 거듭되는 제재조치에도 불구하고 플러스 성장을 계속하고 있었다. 평양에 한정된 일인지도 모르지만, 북한을 방문했던 사람들에 의하면 평양 등 도심부의 북한인민 생활수준은 향상되어 있고 변함없이 건설 붐도 계속되고 있다.

다만, 경제건설을 우선한다고 말하면서도 북한은 소형화한 핵무기를 탑재하기 위한 미사일 개발도 동시에 진행해왔다. 핵실험은 6차이지만, 미사일 실험은 이 횟수를 훨씬 웃돌아 17년도만으로도 16회 실시되었다. 발사비용이 경제에 영향을 주지 않았을까.

진화한 핵 · 미사일 능력

북한은 2018년 4월에 중단을 표명하기까지, 6차례의 핵실험을 실시하였다. 마지막 제6차 핵실험은 과거 5회를 크게 웃돌아 최대급이었다. 오노데라 이쓰노리小野寺五典* 방위대신은 3일 후의 기자회견에서 당초의 추정 폭탄규모 70킬로톤에서 160킬로톤으로 대폭 상향 수정하였다. 히로시마広島에 투하되었던 원폭의 10.7배, 나가사키長崎의 7.6배라고 한다. 실제, 북한의 핵무기연구소는 북부 핵 실험장에서 대륙간탄도미사일(ICBM) 탑재용 수소폭탄실험에 성공했다는 성명을 발표하였다.

북한의 정보에 의한 6차까지의 특징은 다음과 같다.

김정일 정권기
- 1차(2006년 10월 9일) 첫 핵실험 성공
- 2차(2009년 5월 25일) 새로운 높은 단계에서 안전하게 실시

김정은 정권기
- 3차(2013년 2월 12일) 소형화, 경량화한 원자폭탄 사용
- 4차(2016년 1월 6일) 첫 수소탄 실험 성공
- 5차(2016년 9월 9일) 핵탄두 표준화 · 규격화
- 6차(2017년 9월 3일) ICBM탑재용 수고폭탄실험 성공

이렇게 북한 핵무기의 질은 착실히 향상되어 갔다. 또, 제1차와 제2차 사이가 약 2년 7개월, 제2차와 제3차 사이가 약 3년 9개월, 제3차와 제4차 사이가 약 3년으로 각 실험들 사이에는 3~4년 간격이 벌어져 있었

---

* 일본의 정치가(1960~). 자유민주당소속의 중의원의원이다.

던 것에 비해 제4차와 제5차의 간격은 약 8개월, 제5차와 제6차의 간격은 약 1년으로 착실히 좁혀지고 있었다. 김정은 정권기에 들어서 실제 핵보유를 목표로 실험을 거듭하고 있었던 것을 알 수 있다.

제6차의 핵실험에 이르는 흐름도 과거 5회와는 달랐다.

조선중앙통신은 2017년 9월 3일, 김정은 당위원장이 핵무기의 무기화 사업을 핵무기연구소에서 지도했다고 보도하였다. 같은 날 오전 중에는 김정은 위원장 외 5명의 상무위원이 참가해 조선노동당 중앙위원회 정치국 상무위원회가 개최되었다. 위원회에서는 ICBM탑재용 수소탄실험을 실시하는 '결정서'를 채택하고 김정은 위원장이 명령서에 서명하였다.

핵실험에 이르는 이러한 절차가 명백히 밝혀진 것은 저자가 알고 있는 한에서는 처음이다. 북한은 1993년에 NPT를 탈퇴할 때에도 조선노동당 중앙위원회를 소집하여 결정하였다. 독재자가 독단으로 결정하는 것이 아닌 내부의 민주주의적인 토론을 거쳐 당·국가로서의 결정인 것을 어필할 목적이 있었다고 여겨진다.

김정은 위원장은 2017년의 '신년사'에서 ICBM 발사실험이 최종단계에 도달했다고 선언하였다. 같은 해에만 16차례의 발사실험이 실시되었다. 최종적으로 북한은 같은 해 11월, 미 본토에 도달할 거라고 생각되는 ICBM의 실험에 성공했다고 선언하였다.

이렇게 살펴보면, 북한은 무턱대고 핵실험과 미사일실험을 실시하고 있는 것이 아니라 스스로의 목적을 위해 실험을 되풀이해 왔다고 말할 수 있다. 그 목적이란 핵과 핵 탑재 가능한 ICBM을 가지는 것이다. 북한 외무성 대변인은 2017년 9월 5일, '미국은 원자폭탄, 수소폭탄과 함께 대륙간탄도로켓까지 보유한 핵 강국으로서의 우리나라의 실체를 잊어서는 안 된다.' 등으로 위협을 가했다.

'수소폭탄'이라고 보이는 물체를 시찰하고 있는 김정은 조선노동당위원장
(2017년 9월 3일)

북한은 목표를 어느 정도 달성했다고 생각하고 있다. 그 의미에서는 북한의 위협이 '새로운 단계'에 들어간 것은 명확했다. 북한입장에서 보면 '위협'으로 여기지 않으면 곤란하다. '미국이 공격해 오지 않도록 핵과 ICBM으로 무장한 강력한 국가가 되었다.', '핵보유국으로서 대등하게 미국과 교섭하고 싶다.'라는 것이 그들의 논리이기 때문이다.

김정은 위원장이 2018년의 '신년사'에서 말한 다음의 말은 북한의 "자신감"을 보이고 있다.

'미국은 결코 나와 우리 국가를 상대로 전쟁을 걸어오지 못합니다. 미국 본토 전역이 우리의 핵타격 사정권 안에 있으며, 핵단추가 내 사무실 책상 위에 항상 놓여있다는 것, 이는 위협이 아닌 현실임을 똑바로 알아야 합니다.'

영화로도 만들어진 '핵실험'

북한에서 핵실험을 목격한 적이 있다. 다만, 이것은 영화였다. 2010년 9월 8일. 평양호텔 객실에서 별 관심이 없이 TV를 켜 놓고 있었던 나는 화면 앞에서 꼼짝 할 수 없게 되었다. "내가 본 나라"(제4부)*라는 영화가 방영되고 있었다. 영화에서는 마지막쯤에 2009년 5월 25일의 지하핵실험이 재현되었다. 안내원에 의하면 지하핵실험의 재현은 세계 최초 공개라고 한다.

영화의 주인공은 일본인 여성 국제정치학자였으며, 이를 북한의 톱 여배우 김정화가 연기하고 있었다. 그녀가 북한을 방문해 북한의 모습에 감명을 받고, 그것을 일본의 학생들에게 전한다는 줄거리였다. 영화에서는 납치문제와 핵문제 등 국제정세를 고려한 움직임도 비교적 객관적으로 그려지고 당시의 버락 오바마Barack Obama 미 대통령과 힐러리 클린턴Hillary Clinton 미 국무장관, 일본의 아소 다로麻生太郎** 등도 기록영화로 등장한다. 평양 시민에게 듣자니 오바마와 힐러리의 실제 모습을 본 것은 처음이라고 한다.

재현된 지하 핵실험 장면은 다음과 같은 것이다. 먼저, 핵 실험장을 틀어막기 위해서 몇 겹으로 문이 닫히는 장면이 시작되고 그 후, '준비완료' 신호와 함께 카운트다운 후, 발사명령이 떨어진다. 그러면 폭발과 함께 닫혀져있던 문이 차례차례로 날아간다. 마지막 부분은 땅이 갈라지고 새가 날아올라가는 모습이 그려진 후, '방사능 유출 없음', '실험성공'이라고 선언하고 끝난다.

• 북한 영화로 북핵 개발을 다루고 있다(조선예술영화촬영소, 2010).
•• 일본의 정치인(1940~). 부총리겸 재무상, 금융담당상이며 경제기획청장관, 중의원 외무위원장, 문부정무차관을 역임했다.

영화가 TV에서 방영된 날의 다음날인 9월 9일은 북한의 건국기념일이다. 북한이 영화를 이용해 핵실험을 과시한 것이 분명하다. 국위선양의 의미도 있었을 것이다.

영화의 마지막 장면은 "축포"인 폭죽 터뜨리기였다. 김정은 조선노동당 위원장이 지휘했다고 한다. 2010년 9월 말, 김정일 국방위원장의 후계자로서 김정은이 공포되었다. 핵실험 성공부터 "축포"로 이어지는 영화 마지막 장면은 핵에 의해 지탱되는 김정은 체제를 간접적으로 시사한 것이었는지도 모른다. 2013년 4월 1일에 '핵보유국의 지위를 확고히 하는 법률'(핵개발 강화법)을 채택한 일로 그것을 객관적으로 입증시켜준다.

비핵화는 실현될 것인가?

지금까지 북한의 핵문제를 해결할 기회는 적어도 세 번 있었다. 첫 번째는 제1차 핵 위기를 거쳐서 제네바합의에 이를 때(1994년)다. 두 번째는 제2차 핵 위기를 거쳐서 6자회담으로 '9·19 합의'에 이르렀을 때(2005년)다. 그리고 세 번째는 첫 핵실험에서 자신감을 높인 북한이 핵개발을 동결하고 미국과의 관계개선을 진행했을 때(2007~2008년)다. 간단히 되돌아보자.

1991년 12월, 5차에 걸친 남북고위급회담을 거쳐 한국과 북한은 '남북 간 화해와 불가침 및 교류·협력에 관한 합의서'를 채택, '한반도의 비핵화에 관한 공동선언'을 체결하였다. 이듬해 1992년 1월에는 한미합동군사연습 중지가 발표되고, 뉴욕에서 첫 북미고위급회담이 실시되었다. 이렇게 긴장완화 분위기가 감도는 중, 북한은 국제원자력기구와 핵사찰협정을 맺었다. 1985년에 핵확산금지조약에 가맹하고 나서 7년이 지나, 북한은 핵사찰을 받아들였다.

그런데 1993년이 되면 상황은 돌변한다. 재처리시설의 존재를 문제시한 IAEA는 특별사찰을 요구하였다. 이에 반발해 북한은 1993년 3월 12일에 NPT 탈퇴를 표명하였다. 제1차 핵 위기가 발발하였다. NPT 탈퇴와 때를 같이 해서 북한은 한미합동군사연습의 재개에 대항해 준전시상태를 선언하였다.

한반도에 찾아온 일촉즉발의 위기는 1994년 6월에 카터Jimmy Carter 전 미 대통령이 방북해 김일성 주석과 회담하고 김 주석이 핵개발의 동결을 약속한 것으로 벗어났다. 같은 해 10월, 제네바협의가 체결되었다.

합의는 북한의 NPT잔류, 핵개발동결과 북미국교정상화를 위한 과정 등을 정한 것이다. 북미제네바 합의 이행을 위해 이듬해 1995년 3월에 한반도에너지개발기구가 설립되었다. 북한은 흑연감속로의 활동을 동결, 해체할 것을 조건으로 2003년까지 경수로 2기를 제공받고, 1기째의 경수로 완성까지 (대체 에너지로) 연간 50만 톤의 중유를 제공받는 사업을 진행하게 되었다. 1999년 9월에 북한은 미국과의 협상기간 중의 미사일 발사동결도 발표하였다.

나아가 2000년에는 김정일 국방위원장의 측근, 조명록 국방위원회 제1부위원장이 방미해서 클린턴 미 대통령과 회담, 북미공동코뮤니케(공식 성명서)가 발표되었다. 이후 올브라이트Madeleine Albright* 국무장관이 방북했지만 클린턴Bill Clinton 대통령은 시한을 넘겨 방북을 단념하였다. 이 때 클린턴 대통령의 방북이 실현되었더라면 북미의 관개개선은 비약적으로 진행되었을지도 모른다.

그렇지만 2001년 9월의 미 동시다발 테러를 당해 '테러와의 전쟁'을

• 미국의 정치인(1937~). 1997년 여성 최초로 미국 국무장관에 취임. 임기 중이던 2000년에는 북한을 방문하여 김정일 국방위원장과 회담을 가짐으로써 북미관계 개선에도 힘썼다.

선언한 부시 미 대통령은 이듬해 2002년 일반교서연설에서 이라크 · 이란과 함께 북한을 '악의 축'이라고 비난하였다. 북미관계는 또다시 차가워졌다. 같은 해 10월에는 방북한 미 특사인 켈리James Andrew Kelly[•] 국무차관보가 북한이 고농축우라늄시설건설 등을 인정했다고 국무성이 발표하였다(그러나 북한은 이를 부정하였다).

이것을 계기로 제2차 핵 위기가 발발하였다. 이후 KEDO는 같은 해 12월부터 중유 공급을 정지하고, 2003년 12월부터는 경수로건설도 중단하였다. 그리고 2006년 5월의 이사회에서 경수로 프로젝트 종료를 정식으로 결정하였다.

한편, 2003년 8월에는 제1차 6자회담이 시작되었다. 북한의 핵개발 문제해결을 위해서 북한, 미국, 중국, 한국, 러시아, 일본의 국장급 담당자가 직접 협의를 하는 것이었지만, 2005년 2월에 북한 외무성은 6자회담의 무기한 참가 중단을 표명하고, '핵무기를 만들었다.'고 밝히는 성명을 발표하였다. 그러나 그 후 중국과 한국의 고위급관료가 방북해 김정일 국방위원장을 설득한 결과, 같은 해 7월에 북한은 6자회담에 복귀하였다. 9월 19일에는 6자가 처음으로 공동성명을 발표하고 북한의 핵무기폐기에 합의하였다.

그런데 북한은 이듬 해 2006년 10월에 1차 핵실험을 실시하였다. 핵보유국으로서 미국과 대치하는 길을 선택한 것이다. 핵실험 성공으로 자신감이 충만한 것을 배경으로, 북한은 핵개발을 동결하고 미국과의 관계개선을 진행하였다.

2007~08년에는 원자로의 냉각탑 폭파 등 핵개발 동결의지를 과시하

[•] 미국의 정치인(1943~). 민주당 4선 상원의원으로 베트남과 국교를 정상화하는 데 기여했으며 노동 · 교육 · 환경분야 활동에 중점을 두었다.

는 실천행동이 계속 이어졌다. 북미고위급 회의도 여러 번 열리고 중유
와 식량원조가 재개되는 등, 북미관계 정상화가 본격화될 조짐이 보였
다. 뉴욕 필하모닉 오케스트라의 평양공연에서 북미 양국의 국가가 연주
되고 성조기가 북한의 국토에 처음으로 게양된 일은 북미관계 정상화를
과시하는 상징적인 사건이었다. 미국은 2008년 10월, 북한의 테러지원
국가 지정을 해제하였다(2017년 11월에 재지정). 이것이 세 번째 기회였다.
그렇지만 핵동결 검증절차의 문서화에서 합의를 얻지 못하고 2008년 12
월에 6자회담은 교착상태에 빠졌다. 북한은 2009년 5월, 위성(탄도미사일)
발사에 대한 유엔 안보리 의장성명에 반발해 2차 핵실험을 강행하였다.

김정일 국방위원장이 방북한 클린턴 전 대통령과 만나 구류되어 있던
미국인 여성기자 2명을 석방하는 등 개선의 조짐도 보였지만 북한은 핵
개발을 계속하였다.

2012년 2월, 북미는 베이징에서 실시한 고위급 회의 결과를 동시에 발
표하였다(2·29 합의).* 미국측의 성명에 의하면 북한은 장거리 미사일발
사와 핵실험의 모라토리엄(미사일 발사 실험 유예), 우라늄 농축활동을 포함
한 영변에서의 핵 활동의 모라토리엄에 동의했을 터인데 북한은 같은 해
4월에 '위성'을 발사했으나 실패했다. 유엔 안보리가 곧바로 비난성명을
발표한 것에 대해 북한은 이에 발발해 '2·29합의'에 더 이상 구속되지
않겠다.'라는 입장을 표명하였다(장의 끝 '북한 핵문제를 둘러싼 주요 동향' 참조).

이후, 북한의 핵·미사일발사는 가속화되었다. 김정은 정권기에 북한
은 2013년 2월부터 4년 7개월 사이에 4회의 핵실험을 실시하였다. 미사
일 시험발사도 2017년도에만 16회를 헤아렸다. 북한은 2017년 11월 29

---

* 미국의 식량지원을 대가로 북한이 우라늄농축프로그램(UEP) 중단, 핵·미사일 실
  험 유예(모라토리엄), 국제원자력기구(IAEA) 감시단 입북 허용 등 중요한 비핵화 사
  전조치를 이행하는 것을 골자로 하는 북미 간 합의다.

일, 미국 본토까지 사정권에 넣은 것처럼 보이는 ICBM '화성 15형'의 시험발사에 성공하고 '국가핵무기 완성'을 선언하였다. 이후 북한은 핵·미사일실험을 봉인하였다.

사상 첫 북미정상회담

'국가핵무기 완성'을 선언한 직후인 2017년 12월 초순, 김정은 조선노동당위원장은 중국과의 국경에 솟아있는 백두산 정상에 서 있었다. 백두산은 한반도의 건국신화 '단군신화'의 발상지다. 북한에서는 김정은 위원장의 조부인 김일성 주석이 항일무장투쟁을 전개하였고, 아버지 김정일 국방위원장이 탄생했던 '혁명의 성산'이라고 일컬어진다.

정상에 선 김정은 위원장은 '국가 핵 무력 완성의 대업'을 완수해온 격동의 나날을 뒤돌아보았다고 당기관지인 《노동신문》은 전한다. 그가 백두산에 오른 후에는 큰 사건이 벌어진다. 2013년 11월 말의 등정 직후에는 숙부인 장성택이 처형되었다.

김일성에서 김정은으로 계승된 일가는 북한에서 '백두혈통'이라고 일컬어진다. 백두산 등산과 핵개발을 연결시켜 국민을 위한 결단이라는 이미지를 돋보이게 하고 싶었을 것이다.

북미 군사적 충돌의 긴장이 고조된 2017년과는 돌변하여 김정은 정권은 2018년 초부터 대화공세로 전환하였다. 김정은 위원장은 연초 '신년사'에서 평창 동계올림픽 참가를 표명하였고, 남북은 '코리아(남북단일팀)'로 입장하였다. 평창 동계올림픽 개막식에 출석한 여동생 김여정 당중앙위원회 제1부부장은 문재인 대통령과 면회하고 방북을 촉구하였다.

3월에는 정의용 국가안보실장 등 한국 특사단이 방북해 김정은 위원장과 회담하였다. 직후에 방미하였던 정의용 씨 등은 백악관에서 트럼프 대통령을 만나 즉석에서 북미정상회담 개최가 결정되었다. 월말에는 김정은 위원장이 베이징을 방문, 첫 북중정상회담이 실현하였다. 직후인 3월 31일~4월 1일, 폼페이오Mike Pompeo 미 중앙정보국CIA 국장(당시)이 방북해 김정은 위원장과 회담하였다.

4월 20일, 북한은 핵실험, ICBM시험발사의 중지와 북부 핵 실험장 폐기를 발표하였는데, 이것은 7일 후에 열린 남북정상회담에는 순풍이 되었다. 정상회담을 통해 발표된 '판문점선언'에서는 완전한 비핵화를 통해 핵 없는 한반도를 실현시키는 공동의 목표를 확인하였다.

5월 9일, 국무장관으로 취임한 폼페이오 씨가 방북해 김정은 위원장과 회담. 그 때, 북한은 구속했던 3명의 미국인을 석방하였다. 이것을 보고 받은 트럼프 대통령은 10일에 북미정상회담인 '6월 12일 개최'를 트위터에 올렸다.

그런데 볼턴John Robert Bolton 미 대통령보좌관과 펜스Michael Richard Pence 부대통령이 선先핵폐기를 기본으로 하는 '리비아 방식'을 언급한 것에 대해 북한은 '회담재고'(김계관 외무성 제1부상)를 암시하고, '북미정상회담을 재고하는 것에 관해 최고지도자에게 제기提起할 것이다.'(최선희 외무성부상)라고 맹반발하였다. 이 내용을 보고 받은 트럼프 대통령은 24일, '회담은 실시하지 않는다.'라고 표명한다.

평소 같으면 여기에서 북한이 밥상을 뒤집고 모든 것이 물거품이 되었다. 예를 들면 식량지원 등을 약속했던 2012년의 '2 · 29 합의'가 직후의 '위성' 발사로 도로아미타불이 되어 버린 일 등이 있었다. 그렇지만 이번의 북한은 달랐다. 김계관 외무성 제1부상은 '우리는 아무 때나 어떤 방식으로든 마주 앉아 문제를 풀어나갈 용의가 있다.'라는 입장을 표명하였다. 게다가 '생각을 바꿀 일이 있거든 사양 말고 나에게 전화하던지 편지를 써 달라.'라는 트럼프 대통령의 제안에 대해 김정은 위원장은 즉시 반응했다. 미국으로 파견한 김영철 당중앙위원회 부위원장을 통해서 친서를 전했다. 체면을 중히 여기는 지금까지의 북한에서는 생각할 수 없는 대응이었는데 기분이 좋아진 트럼프 대통령은 회담을 '예정대로 6월 12일에 개최한다.'라고 발표하였다.

북한의 진정성

2018년 6월 12일은 틀림없이 역사에 남을 날이 되었다. 이 날, 싱가포르에서 개최된 북미정상회담이 실현된 날이다. 부모 자식 간의 나이 차이가 나는 두 지도자가 굳은 악수를 나누고 오찬을 함께 하였다. 회담 장소가 된 카펠라 호텔 안의 정원을 두 사람만 산책하였다. 70년 가까이 적대 관계에 있었던 북미의 정상이 웃는 얼굴로 대화를 나누는 것 자체로도 의의 있는 사건이라고 말할 수 있다.

북미정상회담 공동성명에서는 트럼프 대통령이 북한에게 안전담보(체제)를 제공할 것이 명기되고 이에 대해 김정은 조선노동당위원장은 '한반도의 완전한 비핵화'를 위한 의지를 재확인하였다. 또, '새로운 북미관계수립이 한반도와 세계 평화와 번영에 이바지할 것을 확신하면서 상호신뢰구축이 한반도의 비핵화를 촉구한다는 것을 인정'하였다.

그 전제로 ① 새로운 북미관계를 수립, ② 한반도에서 항구적이며 강고한 평화체제를 구축, ③ 한반도의 완전한 비핵화를 향한 북한의 노력, ④ 전쟁포로·행방불명자들의 유골발굴과 즉시 송환 등이 포함되었다.

북미를 뺀 한국, 일본, 중국, 러시아의 6자회담 참가국은 적어도 정부 차원에서는 성명을 환영하고 있다. 그렇지만 미국과 한국, 일본 등에서는 CVID(완전하게 검증가능하며 돌이킬 수 없는 비핵화)가 포함되지 않고, 비핵화의 기한도 명기되지 않았기 때문에 성공이라고는 말할 수 없다는 등 비난의 목소리도 적지 않았다. 북한이 정말로 비핵화할 것인가라고 의심하는 의견도 있다.

일반적으로는 사무방事務方(대외적인 협상을 수행하는 부서 및 담당자- 옮긴이)의 협의를 거듭한 후에 어느 정도의 합의가 얻어지는 것이 보장된 틀에서 정상회담이 개최된다. 그런데 이번은 반대로 우선 정상끼리 만나 큰 테두리에서의 합의를 이끌어낸 후에 그 이행을 위해 구체적인 대책을 강구해 간다는 형식이 되었다. 물론 북미는 정상회담에 이르기까지 물밑 교섭을 계속해 왔겠지만 어느 정도의 로드맵은 이미 완성되어 있을 가능성도 있다.

어쨌든 이번의 정상회담의 의의는 북미의 정상이 직접 만나서 현안 문제를 논의하고, 원만하게 어느 정도의 합의를 도출하였다. 물론 부족한 점을 든다면 한이 없다. 그러나 적어도 북미가 논의하고 있는 동안은 한반도에서 전쟁의 위험을 회피할 수 있다.

북한의 진정성도 앞으로의 진전의 열쇠를 쥐고 있다. 북미정상회담이 단순히 "정치쇼"가 될런지, 아니면 진짜 '역사적' 회담이라고 평가될 것인지 앞으로의 움직임을 지켜볼 필요가 있을 것이다.

맺음말

"한국의 맥주는 싱거우니깐 소맥으로 하시겠어요?"

서울 신촌의 식당에서 전부터 알고 지내던 경향신문 기자에게 그렇게 말하자, 그는 웃으면서 이렇게 말했다. "아니요. 최근에 맛있는 것도 나왔어요." 그렇게 말하고 권해준 맥주가 맥아 100%, 알코올 도수 5도인 '클라우드Klaud'다. 확실히 깊은 맛이 좋았다.

그해 가을, 서울에 갔다. 단수 여권°과 임시 패스포드로 몇 번인가 간 적은 있지만, 복수 여권으로 간 것은 처음이다. 나는 2018년 1월, 조선적朝鮮籍°°에서 한국적으로 변경하였다. 여권이 나오면 맨 먼저 가고 싶은 곳이 서울이었다.

경향신문 기자 이외에 몇 명인가가 더 모여 '닭 한 마리'를 먹었다. 국물은 시원하고 닭고기도 부드러워 몇 번씩이나 더 담아 먹었다.

서울에서 친구들과 한 잔하면서 담소할 날이 올 거라고는 꿈에도 생각하지 못했다. 왠지 모르게 이상한 느낌이 들었다.

- 1회에 한하여 여행을 할 수 있는 여권으로 유효기간 1년 동안 1회만 사용할 수 있으므로 연장이 불가하며 신규로 다시 발급 받아야한다.
- - 1945년 해방 이후 재일동포 가운데 대한민국이나 조선민주주의인민공화국의 국적을 보유하지 않았지만 일본에 귀화하지도 않은 이들에게 부여된 일본 외국인 등록 제도상 편의상의 적(籍)이다. 따라서 일본 법률상 무국적으로 간주되어 일본에서 한국으로 들어오고 나갈 때 보통 3개월 치의 여행증명서를 대한민국 정부로부터 발급받아야 하고, 일본에서 외국으로 나갈 때 일본 법무성에서 재입국허가서를 여권 대신 발급받아 사용한다.

박종철 기념관, 이한열 기념관, 그리고 연세대 이한열 언덕 등도 방문하였다. 서울대생이었던 박종철 군은 1987년 1월 14일, 경찰관의 물고문에 의해 사망하였다. 연세대생이었던 이한열 군은 박종철 군의 고문치사에 항의하는 데모가 한창일 때 최루탄이 머리를 직격하여 1개월간 사경을 헤맨 끝에 같은 해 7월 5일에 사망하였다. 같은 달 9일, 그의 장례식은 '민주국민장'이라는 이름으로 진행되었는데, 당시 추모 인파는 전국적으로 총 160만 명이었다. 젊은이 두 사람의 죽음이 한국에 민주화를 가져온 계기가 되었다. 한국영화 '1987(모두가 뜨거웠던 그 해)'을 일본에서 본 나는 그 현장에 자신이 서 있다는 것에 감동을 느꼈다. 김대중도서관도 방문하였다. 한국중앙정보부(KCIA)에게 도쿄에서 납치되어 살해될 뻔했고, 광주민주화운동(1980년) 내란음모죄로 사형판결을 받는 등의 위기를 넘기고 대통령까지 되었던 김대중 전 대통령의 업적을 전시한 도서관은 자택 가까이에 있다. 자택에는 지금도 이희호 여사가 살고 있다고 한다(이희호 여사는 2019년 6월 10일 별세하였다).

한국 민주화운동의 역사를 전하는 다양한 전시물을 관람하고 새삼스럽게 서울에 온 기쁨을 느꼈다. 이제부터는 북한 경제연구와 함께, 한국 현대사 현장을 스스로 이곳저곳 돌아다니며 배워야겠다고 생각하였다.

서울 시내를 이동하던 중, 전차 창밖으로 한강이 보였다. 이전에 평양에서 본 대동강과 매우 닮아 있다. 대동강 강가를 따라 들어선 가게에서 대동강맥주를 마신 날들이 떠올랐다. 언젠가 한국의 클라우드맥주와 북한의 대동강맥주를 같은 가게에서 마실 수 있을 날이 올 것이라고 생각한다.

북한에게는 핵과 미사일을 개발하기보다는 대동강맥주를 전 세계로 수출하는 길을 선택하길 바란다. 수출뿐만 아니라 대동강 주변의 맥주홀에 전 세계의 관광객이 모이도록 개방을 더욱 추진했으면 좋겠다. 이 책에는 그런 생각을 담았다.

이 책은 도쿄대학의 박사과정 논문 「북한에서의 경제개혁 및 개방 정책과 시장화」에서 많이 참고하였다. 박사논문을 쓸 때 도쿄대학 대학원 인문사회계 연구과의 혼다 히로시 교수에게 7년에 걸쳐 세심한 지도를 받았다. 구상부터 시작하여 문장 체크에 이르기까지 지도해 주셨다. 논문 작성 방법조차 제대로 몰랐던 내가 학위를 받을 수 있었던 것도 혼다 교수님 덕분이다. 감사드린다.

박사논문을 토대로 알기 쉬운 북한 인문서를 내고 싶다고 말하는 나의 상담에 친절하게 응해주신 분은 저널리스트인 아오키 오사무靑木理 씨다. 기획서를 검토하고 헤이본샤平凡社 신서편집장인 가나자와 도모유키金澤智之 씨를 소개해 주었다.

가나자와 씨에게는 기획단계에서 집필을 거쳐 간행에 이르기까지 대단히 신세를 많이 졌다. 두 분께 감사드린다.

마지막으로 이 책에는 많은 북한 사람이 등장한다. 그들 없이는 이 책이 세상에 나올 수 없었다. 기재한 일화와 발언 등의 전 책임은 필자인 나에게 있다고 미리 양해를 구하고 싶다.

2018년 11월
문성희

보론
하노이 북미회담 이후의 한반도

하노이에서 헤어지고 판문점에서 만났다

올해 6월 30일 판문점. 김정은 북한 국무위원장과 트럼프 미국 대통령이 군사분계선을 서로 오가던 장면이 아직도 기억에 생생하다. 비록 판문점이기는 하지만 현역 미국 대통령이 북한 땅을 밟는 날이 올 줄은 상상도 못한 일이다. 북미 회동은 판문점 남측 지역에서 진행됐는데, 한국의 문재인 대통령이 합류해서 회의장으로 양 정상을 안내하는 모습도 인상적이었다. 남북미 정상이 자리를 함께 하는 것도 사상 처음일 것이다.

2월 27, 28 양일 간에 걸쳐 베트남 하노이에서 진행된 북미정상회담은 아무런 성과 없이 끝났다. 북한이 단계적인 경제 제재 완화를 요구한 반면 미국은 북한의 완전한 비핵화를 주장했기 때문이다. 회담 직후인 3월 1일에 긴급기자회견을 가진 이용호 북한 외무상의 말에 따르면, 미국이 유엔 제재의 일부 항목을 해제하는 조건으로 북한은 영변 핵의 플루토늄과 우라늄을 포함한 모든 핵물질 생산시설을 영구적으로 완전히 폐기할 것을 제안했다. 북한이 해제를 요구한 것은 유엔 제재 결의 11건 가운데 2016년부터 2017년까지 채택된 5건, 그 중 민수경제(民需經濟)와 인민의 생활에 지장을 주는 항목들이었다. 전면 해제가 아니라 일부 해제를 요구한 셈이다. 그러나 미국이 완전한 비핵화를 주장했기 때문에 회담은 결실 없이 끝났다.

하노이 회담으로부터 약 1달 반 뒤인 4월 12일에 열린 최고인민회의

제14기 제1차 회의에서 시정연설을 한 김정은 위원장은 "일방적으로 자기의 요구만을 들이 먹이려고 하는 미국식 대화법에는 체질적으로 맞지 않고 흥미도 없다."며 하노이 회담과 같은 정상회담이 재현되는 데 대해서는 반갑지도 않고 할 의욕도 없다고 지적한 바 있다. 다만 트럼프 대통령과의 개인적 관계는 북미 두 나라 사이의 관계처럼 적대적이지 않고, 생각나면 서로 안부를 묻는 편지도 주고받을 수 있다고 말한 것으로 보아 김정은 위원장이 트럼프 대통령과의 관계를 유지하면서 북미 관계를 개선하려는 의지는 계속 가지고 있다고 볼 수 있었다.

북미 관계가 진전이 보이지 않는 상황에서 4월 25일에는 러시아의 블라디보스토크에서 블라디미르 푸틴 대통령과 김정은 위원장 사이에 처음으로 정상회담이 열렸다. 2019년 4월 27일자 '아사히신문'에 따르면 정상회담에서는 파견기한이 임박하는 북한 노동자의 접수 지속과 북러를 잇는 가스파이프라인, 철도 건설 구상 등이 의제로 올랐다고 한다. 그러나 푸틴 대통령은 25일 회담 직후에 가진 기자회견에서 제재 완화와 구체적인 경제 지원에 대해서는 언급하지 않았다(2019년 4월 27일자 '아사히신문'). 김정은 위원장은 방러 일정을 하루 앞당겨 귀국했다.

북한은 5월 4일과 9일 화력타격훈련을 실시했는데 이 훈련을 김정은 위원장이 지도했다고 조선중앙통신은 보도했다. 9일에 진행된 훈련을 지도한 김정은 위원장은 나라의 진정한 평화와 안전은 자기의 자주권을 수호할 수 있는 강력한 물리적 힘에 의하여서만 담보된다고 지적했다(2019년 5월 10일발 '조선중앙통신'). 미국 국방부는 북한의 발사체를 탄도미사일로 단정하고 트럼프 대통령이 "우리는 매우 심각하게 보고 있다."고 불쾌감을 피력했다. 같은 날 미국 사법부는 유엔안보리 결의 등을 위반해 북한의 석탄을 수송한 북한 선적 화물선을 압류했다고 발표했다.

미국이 북한 선적 선박을 압류한 것은 처음이다. 이는 미국이 북한에 압력을 가하는 증거로 볼 수 있었다. 5월 8일에 미국 정부는 한국전쟁에서 행방불명이 된 미군 병사들의 유해공동발굴사업 실시를 연기하기로 결정했다고 '아사히신문'이 보도했다. 유해공동발굴은 2018년 6월 싱가포르 회담에서 합의된 것으로 북미 관계의 답보 상태를 시사하는 움직임의 하나라고 볼 수 있었다.

이런 와중에 6월 20, 21일의 양일 간에 걸쳐 시진핑習近平 중국 국가주석이 평양을 국빈으로 방문했다. 중국의 최고 지도자가 방북한 것은 14년 만의 일로 시진핑 주석 자신이 최고지도자로 취임한 후 최초의 방북이었다. 북중 모두 미국과의 사이에서 문제를 안고 있다. 중국은 무역으로 대립하고 있고 북한은 비핵화협상이 침체된 상태이다. 시진핑 주석의 방북은 전통적인 친선 관계를 강조함으로써 북한의 후원자로서의 존재를 어필하는 목적이 있었던 것으로 보인다.

북한은 시진핑 주석을 크게 환대했다. 김정은 위원장 내외가 평양국제공항까지 직접 나가서 일행을 맞이했다. 6월 22일에 조선중앙TV가 방영한 기록영화 영상에 따르면 김정은 위원장 내외는 집단체조 관람이 끝난 뒤, 밤늦은 시간인데도 시진핑 주석 내외를 숙소인 금수산 영빈관까지 직접 안내했다. 정상회담에서는 비핵화 문제를 중심으로 한 지역 문제와 국제 정세가 의제에 올랐던 것으로 보인다. 조선중앙통신에 따르면 양 정상은 고위급 왕래의 전통을 유지해 각 분야에서의 교류와 협력을 심화시켜나가기 위해 노력할 것을 합의했다. 경제 협력을 위한 고위급 왕래를 염두에 둔 것으로 보인다. 경제를 중시하는 김정은 위원장의 정책을 실현하려면, 경제 발전에 방해되는 제재 완화를 위해 중국의 협력이 불가피하다는 측면도 배경에 있다고 본다.

　김정은 위원장은 2018년 3월부터 올해 1월까지 중국을 4차례 방문, 시진핑 주석과 회담을 가졌다. 푸틴 러시아 대통령과도 올해 4월 정상회담을 개최했다. 시진핑 주석의 방북으로 북중러의 협력관계가 형성되어 나가고 있다는 견해도 있다.

　시진핑 주석의 귀국 직후인 6월 23일 조선중앙통신은 트럼프 대통령이 김 위원장 앞으로 친서를 보내왔다고 보도했다. 이를 계기로 서두에서 서술한 판문점에서의 북미 정상 회동이 실현됐다. 트럼프 대통령은 2~3주일 내에 북미 쌍방이 협상 팀을 구성해 비핵화 협상 재개를 향한 실무협상을 시작하기로 합의했다고 밝혔다(요미우리신문 2019년 7월 1일자).

　그러나 실무적인 협상이 시작되는 징조는 보이지 않았다. 이렇게 시간이 흐르면서 8월 5일부터 한미군사훈련이 실시되었다. 북한은 이에 반발해 7월 25일부터 신형 단거리탄도미사일 발사 실험을 거듭했다. 훈련이 시작되기 직전인 8월 2일과 시작 직후인 6일에 발사 실험을 실시한 것을 보면 북한의 단거리미사일 발사가 군사훈련에 대한 시위임은 틀림이 없었다. 흥미로운 것은 트럼프 대통령이 단거리미사일 발사에 관해서는 문제 삼지 않고 있다는 측면이다.

　침체된 북미 협상이었지만 협상의 움직임이 보이고 있다. 9월 9월 북한 최선희 외무성 제1부상은 "우리는 9월 하순경 합의되는 시간과 장소에서 미국측과 마주 앉아 지금까지 우리가 논의해온 문제들을 포괄적으로 토의할 용의가 있다."고 미국측에 협상 개최를 요구했다. 최선희 제1부상은 8월 30일에는 "미국과의 대화에 대한 우리의 기대는 점점 사라져가고 있으며 우리로 하여금 지금까지의 모든 조치들을 재검토하지 않으면 안 되는 상황으로 떠밀고 있다."고 말한 것과는 대조적이다. 최선희 제1부상의 협상 개최 요구에 트럼프 대통령은 "만남은 언제나 좋을 것" 이라는 반응을 보였다. 비핵화와 관련한 북미 실무 협상 재개 가능성이 높아지고 있다.

다만 최선희 제1부상은 이렇게 덧붙여 강조했다.

> "만일 미국측이 어렵게 열리게 되는 조미 실무 협상에서 새로운 계산법과 인연이 없는 낡은 각본을 또다시 만지작거린다면 조미 사이의 거래는 그것으로 막을 내리게 될 수도 있다."

낡은 각본이란 북한의 완전한 비핵화 선행을 의미하는 것이라고 본다. 김정은 위원장은 4월 12일 최고인민회의 시정연설에서 "올해 말까지는 인내심을 갖고 미국의 용단을 기다려 볼 것"이라고 북한의 입장을 표명한 바 있다. 올해 말이 하나의 기한인 것으로 보인다.

2019년 9월

부록

북한 핵문제를 둘러싼 주요 동향
남북한 관련연표

[북한 핵문제를 둘러싼 주요 동향]

년	월. 일	사항
1991	9. 27	미국, 한국에 배치시킨 전술핵무기 철거
	12. 13	'남북 간 화해와 불가침 및 교류 · 협력에 관한 합의서'(남북기본합의) 조인
	12. 18	노태우 대통령, 핵부재 선언
	12. 31	'한반도 비핵화에 관한 공동선언' 합의
1992	1. 7	한국, 92년 한미합동군사연습 중지발표
	1. 22	뉴욕에서 첫 북미고위급회담
	1. 30	북한, 국제원자력기구(IAEA)와 핵사찰 협정에 조인
1993	2. 25	IAEA, 북한에 특별사찰 수용을 요청
	3. 8	김정일 군최고사령관, 팀스피리트 93에 대응해서 '준전시상태' 선포
	3. 12	북한, 특별사찰 거부. 핵확산금지조약(NPT)에서 탈퇴표명
	5. 11	유엔 안보리, 북한에 NPT 탈퇴재고를 요구하는 결의
	6. 2	북미고위급협상 제1라운드.
	6. 11	공동성명. 북한 NPT 탈퇴 일시보류
	7. 14	북미고위급협상 제2라운드(~19)
1994	6. 13	북한, IAEA탈퇴표명
	6. 15	카터 전 미 대통령 일행 방북(~18). 김일성 주석과 2회 회담. 핵문제교섭 해결 등으로 합의. 김주석, 남북정상회담 제안. 김영삼 대통령 수용

	7. 8	김일성 주석 사망. 남북정상회담 중지. 북미고위급협상 3라운드(9일 중단)
	8. 5	북미고위급협상 3라운드 재개(~12)
	10. 21	북미 제네바합의(북의 NPT 잔류, 핵개발 동결, 북미국교정상화로의 과정 등을 정함)
1995	12. 15	북한과 한반도에너지개발기구(KEDO), 경수로제공협정체결
1997	12. 9	한반도 평화를 위한 4자회담(~10). 6회(99. 8)까지 개최
1998	8. 31	북한, 인공위성 발사(사실상 탄도미사일 실험). 첨단 부분은 일본열도상공을 넘어 산리쿠오키(三陸冲) 바다에 떨어짐
1999	2. 27	북한 지하시설의 핵 의혹을 둘러싼 북미협상
	3. 16	북한, 핵 의혹 지하시설의 미국 방문에 합의. 5월 20일 미 조사단 금창리 현장조사 실시. 27일에 성명. 이상 없음(1년 전에 비해 달라진 점 없음).
	5. 25	미국의 페리 대북정책조정관 방문(~28)
	9. 17	미국, 대북조선경제제재 일부 해소를 발표
	9. 24	북한, 미국과의 교섭 기간 중의 미사일발사 동결을 발표
	10. 12	미국, 대북한정책전망에 관한 '페리보고' 발표
2000	6. 13	첫 남북정상회담(~15, 평양). '6 · 15 공동선언'
	10. 6	테러에 반대하는 북미공동성명발표
	10. 10	북한의 조명록 국방위 제1부위원장, 워싱턴에서 미국 대통령과 회담. 김정일 국방위원장의 친서전달. 12일, 북미공동 코뮤니케 발표
	10. 23	올브라이트 미 국무장관 방북(~25). 김정일 국방위원장과 회담
	11. 1	북미 미사일협의(~3). 미사일 개발 · 수출억제수단으로 최종합의 못함
	12. 28	클린턴 미 대통령, 방북 단념이라는 성명발표
2002	1. 29	부시 미 대통령, 일반교서연설에서 이라크 · 이란 · 북한을 '악의 축'이라고 비난

	10. 16	미 국무성, 제임스 켈리 국무차관보 방북(3~5) 때, 북한측이 고농축우라늄시설 건설 등 핵무기를 계속 개발하고 있다는 것을 인정했다고 발표.
	10. 25	북한 외무성 대변인, '핵무기는 물론 그 이상의 것도 가지고 있다'
	11. 14	KEDO이사회, 북한으로의 중유제공 중단 결정
2003	1. 10	북한, NPT 탈퇴표명
	8. 27	북한의 핵문제에 관한 6자(북, 미, 중, 한, 러, 일) 회담(~29, 베이징)
2005	2. 10	북한 외무성, 6자회담 참가의 무기한 중단표명. '자위를 위해 핵무기 만들었다.'
	9. 19	재개된 제4차 6자회담에서 6항목의 공동성명채택(9 · 19공동성명)
	11. 22	KEDO청산결정. 경수로 건설사업 폐지
2006	7. 5	북한, 대포동 2호 포함한 7발 탄도미사일발사
	10. 9	북한, 첫 핵실험. '미국 핵위협과 제재압력 때문에 실시하지 않을 수 없었다'(외무성 대변인 담화). 이후, 17년 9월 3일까지 6차실시
2007	2. 8	제5차 6자회담 3라운드, '공동성명이행으로의 초기단계조치'에 대한 합의문서 채택(2 · 13 합의)
	4. 10	미 재무성과 마카오 당국, BDA 북한자금 동결해제 발표
	10. 2	제2차 남북정상회담(~4). '남북관계발전과 평화번영을 위한 선언'(10 · 4선언) 발표
2008	2. 25	뉴욕 필하모닉 방북(~27). 동평양 극장에서 공연, 북미 국가 연주. 평양에서 처음으로 미국 국기 게양
	6. 27	북한, 영변핵시설에 있는 5천 킬로와트 급의 원자로의 냉각탑 폭파. 폭발영상 배포
	10. 11	미, 북한의 테러지원국가 지정을 해제(17년 11월 20일에 재지정)
	12. 8	6자회담 수석대표회합(~11). 검증 수속의 문서화로 합의를 얻지 못한 채 폐막. 이후, 회담은 동결
2009	4. 5	북한 인공위성 '광명성 2호'가 궤도에 진입이라고 발표. 미국 등은 부정

	4. 13	유엔 안보리, 미사일 발사를 비난하는 의장성명.
	4. 14	북한 외무성, 6자회담에 '두 번 다시 절대로 참가 않겠다.'고 표명. 경수로 건설추진, 핵 억지력 강화, 핵시설 현상회복. 사용 끝낸 핵연료 재처리 추진표명
	5. 25	제2차 핵실험
	6. 12	유엔 안보리, 북한 제재결의 채택.
	6. 13	북한 외무성이 우라늄 농축·플루토늄 무기화 선언
	8. 4	클린턴 전 대통령, 구속된 미국인 여성기자 2명의 해방을 위해 방북. 김정일 국방위원장과 회담(6월 8일, 여성기자 2명에게 노동교화형 12년 판결). 2명과 귀환
2010	11. 12	지그프리드 헤커(Siegfried S. Hecker) 미 스탠포드 대학교수, 영변 핵 관련시설을 방문 때, 경수로 건설현장과 우라늄 농축시설 시찰. 원심분리기는 2000기, 연료용 저농축 우라늄 제조(북한측 설명)
2011	5. 24	로버트 킹(Robert King) 북한인권특사 방북(~28). 김계관 외무성 제1부상, 미국측이 요구했던 식량지원의 전제조건을 전부 수용 의향 전달. 재(再)방북도 요청
	5. 27	북한, '미국인 전용수씨 석방'을 발표
2012	2. 29	북미, 23~24일에 베이징에서 실시했던 제3회 북미고위급회담 결과를 동시발표('2·29합의'). 미 국무성 누란드 보도관 명의의 성명에서는 북한은 장거리 미사일발사와 핵실험 모라토리움, 우라늄농축활동을 포함한 영변에서의 핵 활동 모라토리움, IAEA조사단 복귀에 동의. 미국이 24만 톤의 영양지원 문제와 관련한 세부를 채우는 회합개최로 합의
	4. 13	북한 실용위성 '광명성 3호(1호기)'를 발사했지만 실패
	4. 16	유엔 안보리, 북한 위성발사를 비난하는 의장성명 채택. 비록 인공위성이었더라도 과거의 안보리결의에 대한 중대한 위반이라고 지적
	4. 17	북한 외무성, 안보리결의를 비난하는 성명. 우주이용의 권리를 계속해서 행사하면 '위성' 발사계속을 시사. '2·29합의'에 더 이상 구속되지 않겠다고 표명
	12. 12	북한 실용위성 '광명성 3호(2호기)' 발사에 성공이라고 발표

[남북한 관련연표]

년	월. 일	사항
1945	8. 15	광복
	10. 14	김일성, 평양에서의 환영시민대회에 등장
1948	8. 15	대한민국(이하, 한국) 수립. 이승만 대통령 취임
	9. 9	조선민주주의인민공화국(이하, 북한) 수립. 김일성 수상 취임
	10. 12	북한, 소련과 국교수립
1949	10. 6	북한, 중국과 국교수립
1950	6. 25	한국전쟁 발발(~53. 7. 27 정전협정조인)
1958	1. 29	주한미군, 핵무기 배치를 발표
	10월말	중국 의남군(인민지원군), 북한에서 철수완료
1960	4. 19	한국에서 학생혁명
	4. 26	이승만 대통령 하야. 하와이 망명
1961	5. 16	박정희 소령의 군사 정변. 전국에 계엄령
	7. 6	북한, 소련과 우호협력 및 상호원조에 관한 조약 조인
	7. 11	북한, 중국과 우호협력 및 상호원조에 관한 조약 조인
1963	12. 17	박정희 대통령 취임
1965	6. 22	한일기본조약 체결

	6. 23	북한, 한일조약 불인정 · 배상청구권 보유를 성명
1972	7. 4	남북공동성명. 통일 대원칙(자주 · 평화 · 민족대단결)을 남북이 동시발표
	12. 27	북한, 사회주의 헌법 채택하고 국가 주석제 신설. 김일성을 국가주석으로 선출(28)
1979	10. 26	박정희 대통령(62세), KCIA부장 김재규에 의해 사살된다.
1980	10. 10	조선노동당 제6차 당대회(~14). 김정일 첫 공식 등장
1990	9. 28	북일국교 정상화를 목표로 3당(조선노동당, 자민당, 사회당) 공동선언조인
1991	9. 17	한국과 북한, 유엔 동시가입
1994	7. 8	김일성 주석 사망. 82세 (97. 7. 8. 3년 탈상)
1997	10. 8	김정일 조선노동당 국방위원장 취임
1998	8. 31	북한, 탄도미사일 '대포동' 발사실험
	9. 5	김정일, 국방위원회 위원장에 취임, 사회주의 헌법 수정 · 개정
2000	6. 13	평양에서 김정일 위원장과 김대중 대통령에 의한 남북정상회담(~15)
	6. 15	공동선언
	7. 19	푸친 러시아 대통령 방북(~20)해 북러정상회담. 북러공동선언
	10. 10	조명록 국방위 제1부위원장, 워싱턴에서 클린턴 미 대통령과 회담. 북미공동 코뮤니케 발표(12). 올브라이트 미 국무장관, 방조(23~25)해 김정일과 회담
2002	9. 17	평양에서 김정일 · 고이즈미 준이치로에 의한 북일정상회담. 일본인 납치문제로 '8명사망 5명생존'. 김정일이 구두로 사죄. 북일평양선언에 조인
2003	8. 27	북한의 핵문제에 관한 6자회담(~29). 08년 12월을 마지막으로 개최되지 않음

2004	4. 22	평양북도 용천역에서 대규모 열차폭발 사고. 사망 150 , 부상자 1300여명
2006	10. 9	평양방송과 조선중앙방송, 정오뉴스에서 핵실험 성공 보도. 17·9·3의 6회차가 마지막
2007	10. 2	노무현·김정일에 의한 제2차 남북정상회담(~4). '남북관계발전과 평화번영을 위한 선언' 발표
2010	5. 20	해군 초계함 천안함 침몰에 관해 군민합동조사단 및 국제조사단이 '북한 어뢰에 의한 수중폭발'이 원인이라고 단정. 북한 국방위원회, 전면부정. 이명박 정권, 개성공업단지를 제외한 남북교역·교류 중단 표명(5·24 조치)
	9. 29	김정은의 '당중앙위원 선출, 당중앙군사위원회 부위원장 취임'을 북한 언론매체가 일제히 보도. 조선중앙통신, 김정은을 중심으로 한 사진 전송(10. 9). 조선노동당 창건 65주년 경축열병식, 김정은도 주석단에 등장(10.10)
	11. 23	북한, 연평도를 2회에 걸쳐 포격. 한국측은 민간인 2명을 포함한 4명이 사망, 19명이 중경상. 북한측의 피해 상황은 불명
2011	12. 17	김정일 국방위원장 사망. 69세
	12. 30	김정일의 유훈에 의거, 김정은이 조선인민군최고사령관에 취임
2013	3. 31	조선노동당중앙위원회 3월 전원회의에서 경제건설과 핵무력건설을 병진하는 '신병진노선(핵·경제병진노선)' 발표
	4. 1	핵개발 강화를 법제화
	12. 12	김정은 숙부(고모부), 장성택·전 조선노동당부장이 국가전복죄로 사형판결. 당일 집행
2016	5. 6	조선노동당 제7차대회(~9). 김정은, 조선노동당 위원장에 취임
	6. 29	김정은이 국무위원장에 취임
2017	11. 29	대륙간탄도미사일(ICBM) 발사실험에 성공. '국가핵무력' 완성을 선언

	3. 25	김정은, 방중해 시진핑과 회담(~28). 4월과 6월에도 방중
2018	4. 27	문재인 · 김정은에 의한 제3차 남북정상회담(판문점 남측). '판문점 선언'
	5. 26	제4차 남북정상회담(판문점 북측)
	6. 12	트럼프 · 김정은에 의한 북미정상회담(싱가포르). '6 · 12공동성명'
	9. 18	제5차 남북정상회담(~20. 평양). '평양공동선언'
2018	6. 12	트럼프 · 김정은에 의한 제1차 북미정상회담(싱가포르). '6 · 12공동성명'
	9. 18	제5차 남북정상회담(~20, 평양). '평양공동선언'
2019	2. 27	제2차 북미정상회담(~28, 베트남 하노이)
	4. 25	블라디미르 푸틴과 만남(블라디보스토크)
	6. 20	시진핑 중국주석 평양 국빈 방문(~21)
	6. 30	판문점에서 문재인 대통령 안내로 제3차 북미회담

참고문헌

[일본 자료]

一般社団法人, 日本ビール文化研究会/日本ビアジャーナリスト協会監修, 『ビー
　　ルの圖鑑』, マイビル, 2013年.

金村弘子, 『北朝鮮「虛構の経済」』, 集英社新書, 2005年.

林東源(訳・波佐場清), 『南北首脳会談への道』(原題は『ピースメーカー〈피스
　　메이커〉』, 岩波書店, 2008년.

小此木政夫, 『朝鮮戰爭』, 中央公論社, 1986年.

加藤弘之, 『中国の経済発展と市場化』, 名古屋大学出版社, 1997年.

權英卿, 「経済改革――『計画』に『市場』をプラス」, 北朝鮮研究学会編(監訳・
　　石坂浩一), 『北朝鮮は, いま』, 岩波書店, 2007年.

朝鮮電氣事業史編輯員会編, 『朝鮮電氣事業史』, 中央日韓協会, 1981年.

ドン・オーバードーファー (訳・菱木一美), 『二つのコリア〔特別最新版〕国際政治
　　の中の朝鮮半島』, 共同通信社, 2002년.

朴根好, 『韓国の経済発展とベトナム戰爭』, 御茶の水書房, 1993年.

宮本悟, 「第1章 国連安保里制裁と獨自制裁」『情報分析レポートNo30 国際制
　　裁と朝鮮社会主義経済』(中川雅彦篇), アジア経済研究所, 2017年.

文聖姫, 「北朝鮮における経済改革・開放政策と市場化」, 東京大学大学院人
　　文社会系研究科, 2017年度 博士学位論文.

文浩一, 「研究ノート 訪朝期間に見た生産・所費現場と市民生活の一端」『季刊
　　朝鮮経済資料』, 2015年 2号, 朝鮮経済研究会.

[한국 자료]

김기훈, 『통일과정에서 남북교역통관체제 개편방안』, 통일부 통일연구원, 2015년.

양문수, 『북한경제의 시장화 : 양태 성격 메커니즘 함의』, 한울아카데미, 2010년.

임을출, 『김정은 시대의 북한 경제 사금융과 돈주』, 한울아카데미, 2016년.

[북한 자료]

『김일성 선집』(제1권), 조선노동당출판사, 1963년.

『김일성 저작집』(각권), 조선노동당출판사.

『김일성 선집』,조선노동당출판사.

『우리나라 수력발전』,공업종합출판사, 1992년.

[신문・잡지]

「リアル北朝鮮」『ジャーナリスト』, 2016年 8月 25日～2018年 9月 25日.

『週刊金曜日』, 金曜日, 1996年 10月 4日号, 2017年 6月 2日号, 同 6月 9日号,
　　　　2018年 1月 19日号, 同 5月 11日号, 同 6月 8日号, 同 6月 15日号,
　　　　同 10月 5日号.

맥주와 대포동
경제로 읽어낸 북한

초판 1쇄 인쇄 2019년 9월 30일
초판 1쇄 발행 2019년 10월 10일

지은이 문성희
옮긴이 이용화
펴낸곳 논형
펴낸이 소재두
등록번호 제2003-000019호
등록일자 2003년 3월 5일
주소 서울시 영등포구 양산로 19길 15 원일빌딩 204호
전화 02-887-3561
팩스 02-887-6690
ISBN 978-89-6357-231-4 03300
값 16,000원

이 도서의 국립중앙도서관 출판예정도서목록(CIP)은 서지정보유통지원시스템 홈페이지(http://seoji.nl.go.kr)와 국가자료공동목록시스템(http://www.nl.go.kr/kolisnet)에서 이용하실 수 있습니다. (CIP제어번호: CIP 2019038057)